資本論簡說

透視分析資本主義本質

卡爾・約翰・考茨基 ── 著

石川準十郎 ── 日譯

洪　濤 ── 中譯

李華夏 ── 審定

五南圖書出版公司 印行

導　讀

資助生態　以人為本　論公與義

　　二〇一三年聯合國教科文組織將馬克思《資本論》第一卷和《共產黨宣言》一起列入「世界記憶計劃」，就知其主要性，馬克思是想藉著《資本論》來改造世界的。光是一八六七年德文書寫的《資本論》第一卷到一八七三年德文版和一八七五年法文版，都經歷了較大的修改，尤其是法文版增添了許多對非西方國家（包括中國）的研究。該第一卷是馬克思在與恩格斯聯名發表《共產黨宣言》後二十多年的艱苦嘔血之作。而第二、第三卷是恩格斯在馬克思離世後，從馬克思大量筆記和手稿中予以整理、編輯才出版。其實《資本論》共四卷三百多萬字，第四卷《剩餘價值理論》正是考茨基編輯的，以分析介紹剩餘價值的理論史為中心。

　　馬克思的《資本論》是在資本主義高速發展時期，無產階級與資產階級充分展開鬥爭的情況下，為適應無產階級革命的需要而產生的，它是對英國古典政治經濟體理論及與資產階級庸俗經濟學進行論爭而產生的，並形成無產階級的政治經濟體理論；其最終目的就是揭示資本主義社會的經濟運作規律以建立沒有剝削的社會主義。

馬克思在《資本論》第二卷第一篇第四章給「資本」下的定義：「資本作為自行增殖的價值，不僅包含著階級關係，包含著建立在勞動作為僱傭勞動而存在的基礎上的特定的社會屬性。」馬克思認為「資本不是物而是特定的、社會的、屬於特定歷史社會形態的生產關係，後者體現在一個物上，並賦與這個物以獨特的社會屬性。」因此，資本是一個經過各個不同階段的循環過程，也即是說《資本論》的資本是一流量而不是存量的概念。《資本論》所採用的研究方法是建立在馬克思主義哲學的辯證唯物主義論基礎上，辯證唯物論的根本觀點，不僅認為世界是物質的，且物質是第一性的，精神是第二性的，馬克思也有考慮勞動者的生活水準要求不能停留在溫飽層次，應包括精神面的享受。實踐是認識的基礎，客觀世界的運作和變化有其內在的客觀規律性，因而必須按照客觀世界的本來面貌及其固有的辯證性質去認識客觀世界和改造世界。這包括兩個階段，第一階段是「從客觀事物的具體到抽象」的階段，也就是詳細的運用豐富的材料進行科學抽象分析，藉此得出從局部感官知識到理性知識的概念與理論。第二階段是「從抽象上升到具體」的階段，從簡單的概念出發，進一步深入研究更複雜、更全面、更具體的範疇。這一階段要用邏輯與歷史相一致的方法來正確的敘述。

　　馬克思認為由於競爭的存在，資本家在追逐剩餘價值的內在動力和外在競爭的壓力下，必然要進行資本的累積、擴大生產規模，透過改進技術，提高勞動生產率，從而引起社會各部門和各企業資本有機構成（固定資本／變動資本）的提高，進而使社會平均資本有機構成提高。一方面，造成變動資本（原材料加勞動力）在預付總資本的比例相對下降，由變動資本帶來的剩餘價值

與預付總資本的比例也隨之下降，從而帶來平均利潤率的下降趨勢；另一方面，造成固定資本在預付總資本的比例迅速增大，由於固定資本的周轉速度大大慢於流動資本的周轉速度，因此，全部預付資本的平均周轉速度減緩，再度使平均利潤率趨於下降，這是一條規律。

要注意的是，平均利潤率的下降，絕不意味資本家獲得利潤額的減少；因為利潤額的多寡取決於資本總額和利潤率兩個因素，在利潤率不變或有所下降的情況下，由於資本總額的增加，變動資本的總額也在增加，從而利潤額仍可增加。且利潤率下降也不意味剩餘價值率的下降和工人所受到剝削程度的減輕，因為剩餘價值率是影響利潤率的一個重要因素，但不是唯一因素，影響利潤率的，還有資本有機構成和資本周轉速度等因素。說白了，資本家不會僱傭只能生產出養活勞動者本身的工人，利潤會因外在環境的變化而有所增減。

要不是有了這套極具分析力的導引，資本主義不會自我修正某些錯誤，後來許多的經濟學者如康芒斯、托瑪‧皮凱提，都是出於「拯救」資本主義，提出制度改革、累進稅、遺產稅等來挽救財富極端分配不公的現象。概括來說，馬克思點出了生產、交換、分配與消費是資本運營的四個環節，主要是生產起決定性作用。當經濟增長率是由資本和勞動力的收入所構成，馬克思也注意到教育對勞動力的生產貢獻，只不過沒有太強調其成為人力資本的來源。而資本的利潤率即剩餘價值的占有率超過經濟增長率，則資本的利潤、利息、股息、租金及其他無形資本的收入加總大於勞動力的收入時，就會產生財富累積於資本家手中而帶來富者愈富、貧者愈貧的結果。尤其在專利、商譽這類無形物（制

度經濟學所謂隱形財）雖無人體勞動的價值，卻有智力勞動的價值更有市場價格，這方面剩餘價值的剝削程度，可能更為嚴重。

平心而論，經過大量的歷史和現實數據統計，資本主義從一開始就不強調公平，更不太注重分配的不均，所以資本主義經濟學重視實證經濟學（效率）而忽略規範經濟學（公平），隨著資本主收益和勞動者收入的差距日益擴大，社會的不平等自會不斷深化。學習《資本論》並不會使人更加要革命，但有志改革資本主義流弊者能夠透過學習《資本論》變得務實，多蒐集數據、少一些空想，以扎實可靠的大數據來改變當前的社會現象。所以若不帶著既有成見來研讀《資本論》，不要將之視為煽動暴力、推翻資本主義的政治號召，而將之視為透視資本主義本質的分析工具，對改善現今世界亂局，自會另有一番想像。希望遭全球化資本主義剝削的受薪階級經過此次新冠病毒的疫情，能冷靜思考不同社會制度對人類安全的保護程序，擺脫意識形態的枷鎖，重新追求新的世界進步之路。

當全球最富的二十幾位富豪所擁有的財產，等同於全球最窮的百分之五十人口（約為三十八億人）的財產總和時，要社會或世界不對立也難。只靠市場機制可能會因利己動機帶來創新和商機，但無法建設成正義和平等的社會。雖說有不少富豪捐出百分之九十九個人財產做慈善事業，惟個人偶發的慈悲心不能取代恆穩法定的分配正義；一顆偶發的善心是施捨，不是其應盡的義務。

附帶一提的是，本書的作者卡爾·考茨基（Kart Kautsky）這個名字在資本主義經濟學領域或是對盎格魯──撒克遜國家及西歐國家的影響，可說是不見經傳；但在另一方面和在德國、奧

地利、俄國及其他斯拉夫國家，考茨基卻是具有影響力的馬克思主義權威。列寧還曾經視考茨基爲馬克思、恩格斯事業理所當然的繼承者。考茨基在馬克思主義理論方面，確實留下許多有價值的著作，他成功的將這些概念運用到最爲繁複的領域，他的分析思想是以其超乎尋常的表述力量而受人讚嘆；但這和馬克思、恩格斯或列寧那樣的普及式創造性智慧不同調，又因考茨基的妥協性格及和平主義立場致缺乏勇往直前的冒進精神，所以被列寧稱爲叛徒。考茨基在十九世紀八〇年代和恩格斯一道工作，編輯了《資本論》的第四卷《剩餘價值理論》，對馬克思關於利潤和地租的學說作了非常確切、非常創意的敘述。考茨基認爲現實資本主義社會很難放棄殖民政策，雖然客觀上確實帶動了這些國家的現代化（全球化即屬其中一環），但對被殖民者有其破壞性和建設性的雙重衝擊；所以他在理論上是反對社會主義推行殖民政策的，這一點是值得年輕一代深思的。本書另一位作者石川準十郎是日本昭和時代的社會主義運動家，二戰前曾任日本國家社會黨總理，二戰後任早稻田大學政經學部教授。

　　早期的馬克思主義新思潮或社會主義方面的語詞在中國的傳播和流通，其實是建立在日文文本的基礎之上的。當革命思潮在中國大陸風起雲湧時，基於改造社會制度的重要性，以階級鬥爭作爲指南，致在語詞的翻譯上呈現出兩極化的現象，對不同於自己階級的用詞愈發趨向尖銳，使革命與暴力的選擇變得更爲合理。如一八四八年初版《共產黨宣言》引言首先宣布：「有一個幽靈在歐洲遊蕩，這幽靈就是共產主義，舊歐洲有權力的人都因爲要驅逐這幽靈，加入了神聖同盟。」幽靈德文是Gespenst，英、法文爲Spectre，曾出現怪物、異類等不同譯法，如到現在，

可能會譯爲「恐怖分子」。尤其由於翻譯者自身理解差異、語言習慣不同等因素，加上受日本學者的影響，更使譯文和原文有所落差。本書也有如斯的現象。

當時這個被視爲異類、怪物的共產主義幽靈，因全球化帶來嚴重的財富集中於百分之一人手裡的現象，是否會因此再度飄蕩？端看是否能扭轉以人類爲中心、唯利是圖的經濟過度發展之意圖，及長期不珍惜環境與妄想取代造物者的野心，去除讓社會對立不安的根源；簡言之，資本主義是「各盡所能、按資分配」，按資分配不只壓縮了勞動者的份額且掠奪了大自然再生的生機。社會主義是「各盡所能、各取所需」，讀者若能深入體會儒家在經濟富裕時在〈禮運大同〉篇的主張「貨惡其棄於地也，不必藏於己（各取所需、物盡其用）；力惡其不出於身也，不必爲己（各盡所能、人盡其才）」；在經濟衰退時，秉持「不患貧而患不均，不患寡而患不安」的分配理念（此處「均」應指公平、機會均等而非財產「平分」），也就是在掌握資源之後，重視環境與弱勢者的利他思維，使得整體利益更能永續，反過來成爲最好的利己行爲。

李華夏
歲次壬寅正月初一

譯者序

這一本書，是日人石川準十郎氏根據考茨基所著的《馬克思的經濟學說》（此書在中國共有兩個譯本，一個是由商務印書館出版的，久已絕版，另一個是由民智書局出版的，戴季陶與胡漢民兩先生共譯，題名爲《資本論解說》）一書改編的。考茨基的那部著作的價值如何，想必久已爲讀者所知，無庸譯者再來贅說，不過，可惜考茨基在那部著作中，只對於《資本論》第一卷詳細地加以說明，而對於《資本論》第二卷的內容簡直沒有提起，《資本論》第三卷也只說到一點，未免美中不足。石川準十郎有鑑於此，特費了許久的工夫，將考茨基的那部著作重新改編過，不但將考茨基所遺漏的《資本論》第二卷的內容補進去，並且有許多部分是直接引用《資本論》的原文來說明的，所以石川準十郎氏所改編的這本書，是介紹馬克思《資本論》全三卷最完善的一本書，無論對於已經看過考茨基那部著作的人，或是想研究馬克思《資本論》不得其門而入的人，都是很有用處的。譯者敢於不揣愚魯，將這一本書介紹給讀者諸君，就是爲的這個緣

故。至於譯文，間有借用戴、胡兩先生之譯語的，特此誌謝，不敢掠美。

洪　濤

目　錄

第三卷

第五篇　平均利潤與生產價格

第一卷

第一篇
勞動價值及剩餘價值
（剩餘價值生產之卷一）

1 勞動價值

第一節　商品生產的原因

(一)「資本論」的精髓

　　馬克思在他所著的被稱爲馬克思經濟學之聖典的《資本論》中所企圖的，在於解剖現今殆已風靡全世界文明國家的資本制經濟方法。他在這本著作中，抉出了橫亙於資本制經濟進程之根柢上而支配著其運行的各種社會法則——成爲其中心的，即是剩餘價值的法則。從來處在謎中的資本主義的玄機，就這樣地被馬克思闡明了。

　　《資本論》由全三卷而成：第一卷題爲「資本的生產過程」，是論「剩餘價值之生產」；第二卷題爲「資本的流通過程」，是論「剩餘價值之實現」；第三卷題爲「資本制生產的總進程」，是論「剩餘價值之分配」。貫穿這三卷的中心問題，即是剩餘價值的問題，所以《資本論》，可以說是以這種剩餘價值爲中心的各種研究。而本書所探究的，也就是馬克思研究的大要：第一篇，第二篇及第三篇等於《資本論》的第一卷；第四篇等於《資本論》的第二卷；第五篇等於《資本論》的第三卷。

(二)資本制社會與商品

　　一切的科學，始於觀察。而馬克思《資本論》第一卷「資本的生產過程」的研究，也就始於一般商品的觀察。

　　（此處所謂一般商品的「一般」，是一般正常時代的意思。）

　　當我們觀察今日的資本制度社會時，就知道其「財富」的大部分，是由商品而成的。並且更知道，在資本制社會中，生產物是逾加採取商品的形態。不待言，就是在今日，還不能說一切的生產物皆是商品。然而這是資本主義以前的生產方法尚殘存著的結果，如果將這些殘存（極少的）除外，則今日一切的生產物，可以說是已經採取了商品的形態。

　　因之，研究商品而明瞭其本質，在理解現在資本主義的生產方法上，就成了不可缺少的要件。是故馬克思將其資本制經濟社會的研究，從商品——即商品的價值——的研究著手。如果先知道商品生產的社會原因，則研究商品的本質就很便利了。商品生產的社會原因，我們可以從省察在這個世界上商品是怎樣發生的——即以發生學（審按：phylogenetics）*的考察去得知。這就是我們所以在研究馬克思的商品價值之前，先必省察商品生產的歷史原因之故。現在我們暫且將其考察移到歷史的過程上去。

---

* 原指地球中，生物種系的發生與發展。《資本論》創造性將其「辯證化」來闡述關於「歷史發生學」、「系統發生學」、「現象發生學」、「認識發生學」之客觀邏輯與主觀邏輯的統一。屬多學科嫁接的工具用語及邏輯方法，是立基在自然科學上的社會科學。

(三)商品是什麼

要知道商品是怎樣發生的，我們先必對於商品有一個明確的觀念。然則我們將什麼東西叫做商品呢？

所謂商品者，乃其直接的生產者或其關係者，不以自己的使用爲目的，而因欲和別人的生產物相交換所造出來的生產物。由是，使生產物成爲商品，不是自然的屬性，而是社會的屬性。

例如：原始農家的一個少女，因欲織自己使用的麻布，所以紡麻以成麻線。這個場合，麻線是使用物而絕不是商品。反之，如某紡織業者以交換近鄰農家的小麥爲目的而紡麻以成麻線，又如某製造業者以售賣爲目的而每日要紡若干斤的麻，在這些場合，麻線就已經成了商品。不待言，這些場合的麻線仍然是使用物，和前一個場合並無區別，可是，它已經不僅是使用物，並且是可以擔任某種特殊社會任務──即可以交換的使用物。

麻線終究是否商品，單從表面上觀察，是不明白的。無論是農家的少女爲預備自己的嫁粧而著手自紡麻，或者自己一絲都不能使用的紡織女工在工場裡紡麻，總之，其所紡的麻線在麻線的實物形態上都是一樣的。所以麻線是否爲商品，要看其社會的任務及功能才可以知道，要而言之，所謂商品者，乃爲交換而生產，爲交換而存在的生產物。

(四)商品是歷史的產物

商品是歷史的產物。資本制生產方法，是屬於歷史上之特定時代的社會現象；同樣地，商品生產，也是屬於歷史上之特定時代的社會現象。固然，在資本制生產尚未發生以前，商品就已經存在了，但不能說有了人類歷史，就有了商品。

　　在古代的原始社會生活上，無論在從事狩獵族群之間、從事畜牧種族群之間，或從事農業族群之間，生產物（這裡所說的生產物中，不待言是包括所謂獲物）是被共同分配的。即是在這裡還沒有所謂商品這個東西。在這個時代中，人類完全經營著共產的社會生活。我們今日在尙未開化的人種之間，還可以看出這種原始的共產社會生活形態來。例如：美洲印地安人的從事狩獵族群及印度的農業共產村落等即為一例。

　　然而商品是怎樣從這種原始共產社會生活中發生出來的呢？

(五)生產物交換的發生

　　假定在古代原始共產時代，某從事農業族群之間，由於其生產裝置發達的結果，能夠用較前更少的勞動，以進行與原來一樣的農業。[1]

　　於是其結果，就生出勞動力的「游離」來。這種「游離」的勞動力，如果技術上的要件已經發達到了這樣的程度，就會用之於掘發其團體內所有的燧石層，又或以其所掘得的燧石製造武器和勞動器具。然而由於其勞動生產力增大的結果，所以其造出的武器和勞動器具一定會比自己團體內所要使用的多得多。

　　又假定有其他某遊牧族群飄泊到了這裡，和上述的共產農業族群接觸著，而這個遊牧族群也增進了其勞動生產力，他們所擁有的家畜已超過他們生活上所必需的。那麼，一方既有多餘的武器和勞動器具，另一方又有多餘的家畜，於是在這裡，兩族群就

---

1 事實上，這不單是假定。生產物的交換，是經過如上所述的過程而來的事實，在今日已無疑義。

會自然地開始交換其多餘的生產物。即是從事農業族群所擁有的多餘武器或勞動器具和遊牧族群所擁有的多餘家畜，在這裡才成爲商品。

(六)商品生產的原因

是故，商品之所以交換，乃生產力增進到原始共產團體直接需要以上之自然的結果。蓋生產力達到了某點，各自給自足的原始共產制就成了進步的障礙。於是生產力就要求新的生產關係乃至社會關係。然而當時，因爲各個共產團體是嚴格地孤立隔絕的，所以生產力的擴張，終究不能由建立與整個團體有所接觸之新共產秩序的生產關係而行，只不過由各共產團體互相交換其過剩勞動生產物的方法——一種新的生產關係乃至社會關係——而行。

因之，商品生產，本來也是一種社會的生產，除去了社會的連絡，便想不出商品生產的存在。即是商品生產，本來就是有社會屬性的。

然而等到商品生產反應作用於原始共產團體的生產方法上而漸次引起其共產的生產組織解體，商品生產遂成了互相獨立的個人勞動者的生產，同時，各人又領有了其生產裝置及生產物，於是商品便漸漸地眩惑人目而其本來的社會屬性也就隱晦不明了。

(七)商品生產的眩目性

我們在這裡假定有一個在商品生產初期的農夫和一個陶工，作爲考察商品生產的眩目性質的一例。他們兩人以前都是村落共產團體成員，而後來各自成了商品生產者。

　　在以前的共產團體中，一眼就知道他們都是同樣地爲自己的團體而勞動的：一方面農夫爲團體提供農作物，而陶工爲團體提供水瓶；另方面農夫受水瓶的分配，而陶工也受農產物的分配。

　　就算在以後的商品生產之下，他們也和在共產時代一樣，不僅爲自己勞動，而且也爲別人勞動。他們生產和以前一樣的生產物而互相交換之，無論陶工或農夫，恐怕都和以前一樣要受同量的農作物和水瓶的分配。由是，這一點較之以前，在本質上並沒有什麼不同。然而在這裡卻發生了一種和以前全然不同的關係。

　　任何人都很容易知道，在原始共產制之下，使各種勞動互相關聯，使各個生產者互相爲別人勞動，使他們直接獲得別人的生產物的，就是社會。然而在商品生產之下，則與前異趣，各生產者，看起來好像僅爲自己而勞動的樣子。他們怎樣接受別人的生產物呢？——看起來這也好像不是由他們的勞動社會屬性來定，而是完全由其生產物的質性來定的樣子。無論陶工或農夫，好像都不是爲彼此而勞動，無論製陶勞動或農耕勞動也好像都不是社會上所必要的勞動。於是好像在水瓶和農作物的內部藏有某種神祕的質性而使其能夠用一定的比例來交換似的。這樣一來，由勞動的社會屬性而決定的人間相互的關係，在商品生產之下，便成了物物相互即生產物相互的關係了。

　　此處就是近代經濟學對於商品價值之認識的混亂根源。

(八)看破商品魔術性的重要

　　在生產保持著直接的社會連繫的當時，即是在原始共產社會中，「生產」這件事，完全屬於社會的指揮命令之下，同時，生產者相互的關係，也顯然地完全表現爲社會生產上的關係，然而

等到勞動成了互相獨立的個人勞動，而生產成了無秩序、不統一的生產，那麼，生產者相互的關係，就好像完全是生產物相互的關係了。爾後，這種相互的關係，竟完全離開了人類的意志而發展。於是這一種社會的力量，便完全聳立在人類的頭上了。而這種相互的關係，乃至這一種社會的力量，在古代人們單純的頭腦中，反映為一種神力；在後世所謂啟蒙時代的頭腦中，反映為一種自然力；在近代資本主義經濟學者的眼裡，則反映為超社會的關係。

馬克思將以上所述的商品生產的眩目性，叫做「當勞動生產物作為商品而生產，而成為與商品生產不可分離的東西所固著於勞動生產物上的魔術性」。

不看破這種商品的魔術性，不認識商品生產的社會屬性，則不能理解馬克思的經濟學說。我們之所以在研究馬克思的價值論以前，暫且從遙遠的歷史煙霧中尋出商品生產的原因來，實在不外這個緣故。認真而言，認識這種商品生產的社會屬性，是理解馬克思價值論很重要的關鍵。

第二節　勞動價值

(一)使用價值

我們既然已經知道了使生產物成為商品，完全是社會關係；換言之，我們既然已經明白了商品生產的社會屬性，那麼，現在我們就到了馬克思經濟學之關鍵的價值論的面前來了。我們以後

會將商品分析考察移到商品價值的研究上。[2]

　　商品，首先是外界的一種對象。即是由於其種種的質性而滿足人類某種慾望的一件物品。這種慾望的性質如何，例如：是從內心而起的呢，還是從空想而起的，是沒有什麼關係的。再者，這種物品是怎樣滿足人類的慾望，例如：是直接作為生活物資呢，還是間接作為生產裝置，在這裡也是不成問題的。問題只在商品先必是有用的東西。一切有用的東西，如鐵，紙等，可以從質與量兩方面來觀察。這種有用的東西，都是多數質性的集合體，而在各種方面、各種程度上能夠發揮作用。

　　這種物品的有用性，便使物品有使用價值。所謂使用價值，即是物品的有用性。但這裡的有用性，並不是浮在空中的，而是以商品體的各種質性為條件，所以不能離開商品體而存在，是故如鐵，小麥，金剛石等這一類的商品體，其自身就是一種使用價值即財貨。商品的這種資格，在於占有其使用上的各項功能性，所以和耗費了人類多少勞動這件事是沒有關係的。

　　使用價值，只有由於使用或消費才能實現為使用價值。不問財富的社會形態如何，使用價值常常形成一切財富的實質內容。而在我們要考究的社會形態中，它同時又是交換價值的實質承擔者。

2　專門說明馬克思價值論的解說書很多。但我以為關於這種價值推論的部分，還是以馬克思自己的話來說明，更容易懂些，而且在其推論方法已經成了問題的今日，也更加妥當些。以下暫且引用馬克思自己的話。

(二)交換價值

交換價值，先是以某一種類的使用價值和另一種類的使用價值相交換的量之比例而出現的。一定量的某種商品，常常和某種量的其他商品交換。這種交換比例，即是前者的交換價值。而這種比例，是隨時隨地變化無窮的。因之，所謂交換價值，看起來好像是偶然的、相對的東西，由是，所謂在商品中固有這種交換價值，也好像是一種陳述上的矛盾。我們對於這個問題，還要深入地考察一下。

一定量的商品，例如：一斗小麥，可以和甲量的靴油，乙量的絹綢，丙量的金子等交換；約言之，可以在各種比例上和其他各種商品交換。即是小麥不是只有單一的交換價值，而是具有多種的交換價值。然因為甲量的靴油，乙量的絹綢，丙量的金子等都是一斗小麥的交換價值，所以此等甲量的靴油，乙量的絹綢，丙量的金子等也是可以互相交換或彼此相等的交換價值。於是得到這樣的結論，第一，一種商品之有效的各種交換價值，表示著一種等一物；第二，交換價值這種東西，包含於表現價值之中，而所謂交換價值，則是可以區別的某種物品之顯示法——即現象形態。

現在更以兩種商品，如小麥與鐵為例。這些物品的交換比例，固然有多種，但可以用等位的方程式，即某一定份量的小麥等於某一定份量的鐵，如「一斗小麥＝二斤鐵」的方程式表示出來，這種方程式有什麼意義呢？就是表示著有一種等量的共通物存在於一斗小麥和二斤鐵這兩種相異的物品之中。於是這兩者其自體既不是鐵也不是小麥，而等於某種第三者。由是這兩者的某一種，在其為交換價值時，必能化為第三者。

　　這種共通物，不能存在於各種商品之幾何學的、物理學的、化學的，或其他自然的質性中。各種商品的有形的質性，只有在其使商品成為有用即使用價值的時候，才來考慮。

　　在交換比例中，商品的使用價值，是顯然置於問題之外的。在這種比率的內部，一種使用價值，如果在適當的比例中，則同樣通用為其他任何物品的使用價值，或者如老鄉巴所說：某一種類的商品和另一種類的商品，如果其交換價值的大小相等，那麼，都是同樣的東西。在有同等交換價值的物品之間，是沒有什麼區別和差異的。

　　各種商品，為使用價值時，以互相異質為前提，但為交換價值時，不過只異其量而已 —— 即是並未含有使用價值的任一原子。

(三)價值

　　於是將商品抽離了其使用價值來看時，則留下來的，就只有勞動生產物這一種質性。然而就是勞動生產物，也要在我們手中發生變化。從勞動生產物的使用價值抽離起來這件事，同時就是從使勞動生產物成為使用價值的各種成分及各種形態抽離起來這件事。這樣一來，勞動生產物，就早已不是桌子，不是房屋，不是綿紗或其他任何有用物品了。勞動生產物所有的一切有形的質性，已經消失。而勞動生產物，也早已不是木工勞動，建築勞動，紡織勞動，或其他任何一定生產勞動的生產物。從勞動諸生產物的有用質性抽離來看，則不但體現於此等諸生產物上的諸勞動的有用質性已消失，就是此等諸勞動的各種具體形態也消失了。在這裡，除整個生產物上所擁有的共通東西以外，並沒有什

麼別的東西。各種勞動，現在已化爲等一的人體勞動即抽象的人體勞動。

於是我們要考察這種勞動生產物的殘基（在化學的實驗中經過了最後的蒸餾所留下來的東西）是什麼。在以上的抽離之後而殘留於勞動生產物上的東西，只是同一空質的實有（空幻的對象性）即同一的人體勞動的結晶；換言之，即不注意其支出的樣式而支出的人體勞動力的結晶。這些東西所表示的，早已不過是說人體勞動力爲生產而支出了，即是說人體勞動已體現於其中了。而這些物品，便是價值——商品價值，作爲共通的社會的實體的結晶。

在各種商品的交換關係中，其交換價值，是離開其種種的使用價值而完全獨立的，這是我們已經知道的。然而，從勞動生產物的使用價值實際抽離了的時候，則殘留於勞動生產物上的就只有這樣的價值。因之，商品的交換關係，或表現於交換價值上的共通物，即是其商品的價值。

一種使用價值，或一種財貨，因爲抽象的人體勞動已體現或實體化於其中了的緣故，所以才有價值。

(四)價值的大小

然則這種價值的大小，是怎樣計算的呢？不待言，是照商品中所含有的價值形成實體（即勞動份量）計算的。而勞動份量，又照著勞動時間來計算。

但是，如果商品的價值是照著其生產上所支出的勞動份量而定，那麼，就好像人體愈是怠惰或愈是不熟練，製造物品所需要的時間愈多，因之其所製的商品價值愈大的樣子。可是，所謂形

成價值實體的勞動，並不是這種個別的勞動，而是一切同質的人體勞動，均一的人體勞動力的支出之謂。表現於商品領域的價值整體之中的社會總勞動力，雖是由無數的個別勞動力而成。但在這裡，則視爲一切同樣的人體勞動力。這些個別的勞動力，只要在其有社會的平均勞動力的性質，而作用爲這種社會的平均勞動力，即是必需一商品的生產上平均所必要勞動時間或社會上所必要的勞動時間的時候，皆是同一的人體勞動力。而這種社會上所必要的勞動時間，是指以那個時候，社會上的標準生產條件和社會上平均的勞動的熟練及效率去生產某種使用價值所必要的勞動時間之謂。

例如：英國，自採用蒸汽式織機以後，將一定量的綿紗，織成布疋，恐怕只要從前一半的勞動就足夠了。雖然英國的手織工，對於這種同一的工作，仍然要耗費從前一樣的勞動時間，但他自身勞動一小時所造成的生產物，現在不過只代表半小時的社會勞動而已。因之，其價值也就較從前的價值要低一半了。[3]

如此，決定一種使用價值即有用物的價值大小的東西，乃社會上必要的勞動的份量，或其生產上所必需的社會勞動時間，而各個商品，在這種場合，可以視爲其所屬種類的平均樣本。因之，含有同一量勞動的各種商品；換言之，在同一的勞動時間中所能生產的各種商品，都有同等的價值。一商品的值值對於另一

---

3 據河上肇博士說，馬克思所說的社會上的必要勞動時間這句話有兩種意思。第一種是「從社會上平均的技術狀態所看出的必要勞動時間」；第二種是「適應社會總體的需要所發生的必要勞動時間」。前者述於《資本論》第一卷中，後者述於《資本論》第三卷中。而此處所說的是社會上必要的勞動時間，自然只是前者的意思。

商品的價值之比例，就等於前者生產上所必要的勞動時間對於後者生產上所必要的勞動時間之比例。從價值一方面來看，一切的商品，不過是凝結了勞動時間的定量而已。

(五)勞動時間與生產力

那麼，商品價值的大小，如果其商品生產上所必需的勞動時間不變，則仍然不會發生變化。而這種勞動時間，當勞動的生產力發生變化時，每每因之而變化。而勞動的生產力，又被種種的事情——勞動者的熟練平均程度、科學及其工藝應用的發達程度、生產過程的社會結合、生產裝置的普及範圍及發揮作用能力、各種自然事情等所決定。

例如：同份量的勞動，在豐年，可以產出八斗小麥，而在荒年，則只能產出四斗。又如，同份量的勞動，在豐富的鑛穴比在貧瘠的鑛穴要多掘出許多金屬。金剛石在地球表面上是很稀有的，將它發掘出來，平均要費很多的勞動時間。因之，金剛石就以很少的量來代表很多的勞動了。

同份量的勞動，能夠生產較前更多時，則其生產物的價值下跌。如果能夠以很少的勞動將煤炭轉化爲金剛石，則金剛石的價值，也就能夠低落到磚瓦的價值以下。概括地說：勞動的生產力愈大，則一物品生產上所要的勞動時間愈少，而其物品中所包含的勞動量因之其價值也愈小。反之，勞動的生產力愈小，則一物品生產上所要的勞動時間愈多，因之其價值也愈大。如此，一商品的價值大小，和其生產上所要的勞動量爲正比例，與生產力爲反比例，而發生變化。

(六)使用價值與價值

　　據以上的說明看來，原來使用價值雖是藉由某一價值的交換價值之實質承擔者，但價值的形成，完全基於別種因素即其生產上所必需的社會必要勞動量；因之，一種使用價值的增減，並不必然伴隨其價值的增減而增減。而使用價值與價值的關係，尚不止於此。

　　物品能夠沒有價值而有使用價值。那種對於人類的效用不是由勞動而發生的物品即是。例如：空氣，處女地，自然的牧場，野生的木材等。又，物品能夠不是商品而是有用物並且是人體勞動的生產物。用自己勞動的生產物來滿足自己慾望的人們，其所造出的乃使用價值，而不是商品，因要生產商品，則他就不僅生產使用價值，並且要生產為別人所用的使用價值即社會的使用價值。否則，不僅生產為別人所用的使用價值，並且要其能作為使用價值在別人手中能經過交換而轉移。再者，任何物品沒有使用價值，就不能有價值。如果物品是無用的，則其中所含的勞動也是無用的，而這種勞動就不能認為是勞動，由是也沒有形成什麼價值。

　　「使用價值形成一切財富的實質內容」。此處所謂財富，乃使用價值集積的意思。如前所述，勞動必非財富的源泉。也有完全不包含人體勞動的財富。並且沒有只從人體勞動而發生的財富（即使用價值）。勞動，不是其所產的使用價值（即物質的財富）的唯一源泉。如威廉‧彼得所說：「勞動是財富的父親，而自然是其母親。」**4**

---

4 馬克思絕沒有這樣說，「勞動是一切財富的源泉」。真如考茨基所嘆息的，

反之，價值不過完全是一種社會關係。如以前所說，只有人體勞動才是價值的唯一源泉，所以當其所支出的勞動量不變的時候，財富（即使用價值）雖然有增減，但價值並無增減。例如：豐年，一國的財富增大，但其所增大的財富價值，如果其生產上所支出的社會必要勞動量沒有變化，則和前一年的財富價值完全是相同的。**5**

(七)勞動的二重性

商品是使用物，而且是勞動生產物。換言之，商品是使用價值，而且是價值。價值完全是勞動造出來的，而使用價值則為勞動與自然協力的結果所造出的。換言之，使用價值，一方面也是勞動的結果。因之，勞動就具備了形成商品之使用價值及價值的二重性。然則勞動是怎樣造出使用價值及價值的呢？

「無論是反對馬克思學說或贊成馬克思學說，總常常陷於同一的錯誤，——混同價值與財富。如像以勞動是一切財富的源泉這句話是馬克思自己親口說出來的主張，是時常發生的。」這真是無的放矢。在日本也有北聆吉氏（據說實際上並非北氏，而是某氏用的假名）對於馬克思的勞動價值說曾這樣非難過，但高畠素之氏對之曾有這樣的駁論：「馬克思在什麼地方說過這樣的話？」

5 據考茨基所說，「價值是歷史的概念，只在商品生產的時代才有」。但據河上肇博士所說，「無論在孤立人的生活中，或社會主義的制度下」，「價值觀念」是存在的。並且在這些社會中，「馬克思所說的價值，仍能照他本意的價值通用。」——河上博士《社會問題研究》第四十一冊——然而，據博士說，「在勞動的生產力已達到能夠生產維持勞動者生活以上的產物的程度，則在任何社會組織之下，皆能發生其剩餘價值。」——同書第四十五冊——，總之，在勞動的生產力已達到能夠生產維持勞動者的生活以上的產物的程度，則在任何社會組織之下，皆能發生剩餘生產物，但這種剩餘生產物，從馬克思主義的觀點來說，能否就即刻叫它做剩餘價值，恐怕還有考究的餘地。

　　原來勞動，一方面是爲達到一定目的而採取一定形態的人體行爲，而另方面是無差別的人體勞動力的支出。前者因人體的生產活動（所謂工作）之異而異，後者乃形成人體的一切生產活動（所謂工作）的共通要素。例如：此處有鍛冶勞動和農耕勞動兩種勞動，兩者的目的完全不同，因之其作業的樣式、對象、工具、結果也就完全不同。但同時兩者都是無差別的一般人體勞動力的支出。在這意義上，兩者之間沒什麼差別。

　　這爲達到一定目的而採取一定形態的人體行爲，原來是有許多樣式的，因而形成使用價值。這許多的樣式便成爲商品生產的根本條件。蓋各種商品，因其互異，所以才能交換。絕沒有用小麥去交換小麥，用鐮刀去交換鐮刀的人們。小麥和鐮刀相對立，在這裡才行交換。各使用價值，只有在體現性質相異的有用勞動──形成使用價值的勞動──的時候，才能作爲商品而交換。

　　這種平等無差別的人體勞動力的支出，則形成價值。而作爲價值的商品，性質上並無異點，所不同時只有份量。從價值形成上說來，各種勞動皆作爲單純的平均勞動──即「一切普通人平均地、非特別發達地所支出其身體組織內具備的單純勞動力」──發揮作用。而「複雜的勞動（熟練勞動）畢竟不過是加強的或倍加的單純勞動而已。」

　　要之，「一切的勞動，一方面，是爲特殊目的而定形態的人體勞動力的支出。在這具體的、有用的勞動資格中，便生產使用價值。另方面，一切的勞動，又是人體勞動力用生理學意思的支出。在這種同樣的人體勞動或抽象的人體勞動資格中，便形成商品價值。」

　　在前一個場合（使用價值形成的場合），勞動這件事所有的

問題是「怎樣」和「什麼」，而在後一個場合（價值形成的場合），則問題便成了「若干」即其時間的延續度了。

第三節　交換關係的發展史

(一)初步的偶生的價值形態

我們既然看破商品生產的眩目性，因此也知道商品價值是被其生產上所必需的社會必要勞動時間所決定的，而交換價值不過是其價值的現象形態而已。那麼，以下我們就循著馬克思研究的順序，看一看「價值的現象形態」——交換價值乃是交換關係之史的發展軌跡。

在商品生產的第一期，生產物是隨時隨地偶然交換的。這一時代的交換關係，可以用以下的單純方程式表示出來。

$$1件上衣 = 20碼麻布$$

馬克思將這個方程式叫做「初步的偶生的價值形態」，將這個方程式的前項（一件上衣）叫做「相對的價值形態」（因為「其價值只是相對的，即是只有用其他的商品才能顯示出來」）。後項（二十碼麻布）叫做「等價形態」。

我們現在暫就這種單純的方程式來考察一下。因為「一切價值形態的祕密都存在於這種單純的價值形態之中」。在一件上衣等於二十碼麻布這個方程式中。上衣與麻布所擔負的任務是不相同的。即是在這個場合，上衣雖然為上衣的作用，但麻布並不是為麻布的作用，而是作為表現價值的東西即價值的現象形態的作

用了。在這個方程式中，上衣雖然沒有絲毫從上衣的具體質性中抽離出去，但麻布卻完全從麻布的具體質性中抽離了。換言之，麻布的具體質性已全然消滅，它不過被視為「空質的實有」之「抽象的人體勞動」──價值──而已。

　　不待言，無論上衣或麻布，通通都是商品，由是，也都是使用價值，和價值。並且因為它們具有共通的社會屬性──人體勞動的生產物這種質性──之故；換言之，由於共有價值，所以兩者才能作為商品而置於一定的比例即方程式上。可是，從交換比例上來說，在這個場合，只有上衣才有使用價值的作用；反之，麻布則只有價值的現象形態的作用而已。換言之，這個場合的麻布，不過只是上衣的使用價值之價值的顯示法。於是，在這裡，上衣的使用價值與價值，便顯然相對立而可予以區別了。

　　然而在商品生產第一期「初步的偶生的價值形態」中，各種生產物的交換比例，實在是很偶然的，而其等價的商品也不過暫時擔任其等價物的任務而已。因之，深藏於所交換的生產物之內部的使用價值與價值的對立，在這種初步的偶生價值形態中，便不能正當、公然表現出來。

(二)絕對擴大的價值形態

　　但是，以上的關係，等到進了商品生產的第二期，便稍稍有點不同了。現在生產物的交換，更有規則，成了日常的社會過程。不僅是交換多餘的使用價值，更特別地生產以交換為目的的使用價值。這樣一來，上衣的價值，早已不僅用麻布來表現，並且還能用其他許多的商品（除上衣外）來表現。這個時代的交換關係，可以用以下擴大了的方程式表示出來。

$$1件上衣 = \begin{cases} 20碼麻布 \\ 10斤茶葉 \\ 40斤咖啡 \\ \frac{1}{2} 噸鐵 \\ 6斗小麥 \\ 2盎司金子 \\ 其他 \end{cases}$$

馬克思將這個方程式叫做「總體的或擴大了的價值形態」。

在這一時代中，生產物的交換比例，好似越發是被其生產條件所決定的；換言之，才開始被其生產上所必需的社會必要勞動時間來決定。因此，深藏於商品內部的使用價值和價值的對立，才漸漸公然顯現出來。蓋因進了這一時期，多數的商品皆可以作為等價物。而商品交換的偶然傾向也漸次緩和了的緣故。

(三)通行的價值形態

然而等到商品生產更發展，進了第三期的時候，以上的關係又不同了。為交換作為商品而產出的勞動生產物數目更增，因之習慣的交換便更及於許多種類的商品，不僅是上衣，就是麻布、茶葉、咖啡、鐵、小麥等，現在也習慣交換了。漸漸在這些商品之中，有某種通用最頻繁的商品，例如：上衣，常常表現其他商品的價值，於是便成了表現其他商品價值的唯一商品。這一時代的交換關係，可以用以下的方程式表示出來。

馬克思將這個方程式叫做「通行的價值形態。」

我們暫且就這個方程式中的等價形態來觀察一下。以前曾經說過，等價形態這個東西，是普遍人體勞動的顯示法。但在第一期的表示形態中，一商品之所以作為等價物，不過是一時的偶然的事情。例如：在一件上衣等於二十碼麻布的方程式中，麻布只通用為上衣的價值現象形態。等到進了第二期的表示形態，雖然一件上衣可以和二十碼麻布，十斤茶葉，四十斤咖啡，二分之一的鐵，六斗小麥，二盎司金子以及其他的物品交換，但上衣仍然為使用價值的作用，而麻布、茶葉、咖啡、鐵、小麥、金子及其他物品不過顯示上衣生產上所必需的普遍人體勞動而已。

然而等到進了通行的價值形態，就不是這樣了。即是在這個場合，單一的商品，擔負等價物的任務，而成了通行的等價物。其他一切的商品，外觀上，作為使用價值而和這個商品對立著，而這個商品的自身，便通用為普遍的及單一的價值現象形態——即普遍的人體勞動之社會的表示。這個商品，現在便成了能夠和其他一切商品交換而為任何人所接受的商品了。因此，其他一切商品，就沒有直接互相交換的資格和儲備。蓋商品交換愈發達，而勞動生產物的商品化愈進步，則通行的等價物愈加必要了。這

樣一來，任何交換者，皆須經過這種通行的等價物而行。

　　同時，到了這一時代，商品內部的使用價值與價值的對立，才完全公然浮出表面。

(四)貨幣的發生 —— 貨幣形態

　　必要通行價值形態（即通行等價物）的這種作用，遂喚起作爲普遍等價物的貨幣的發生。這便成了商品生產的第四期。表示這個時代的交換關係的方程式。和第三期的通行價值形態相同，不過只將上衣換成金子而已。

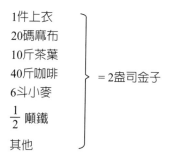

$$
\left.\begin{array}{l}
\text{1件上衣} \\
\text{20碼麻布} \\
\text{10斤茶葉} \\
\text{40斤咖啡} \\
\text{6斗小麥} \\
\frac{1}{2}\ \text{噸鐵} \\
\text{其他}
\end{array}\right\} = 2盎司金子
$$

　　馬克思將這個方程式，叫做「貨幣形態。」

　　獨占這種等價物的任務而成爲貨幣的東西，是金和銀（尤其是金子），但這既不是人們忽然想到而發明的東西，也不單是價值的顯示物。「因爲金子預先對於其他的商品就是作爲商品而對立著的，所以現在才能作貨幣而仍與之對立。」換言之，因爲金子同樣是勞動生產物，具有共通的東西 —— 價值 —— ，其自身作爲商品與其他商品對立，所以才能作爲貨幣獨占通行等價物的這種任務。

　　然而爲什麼其他的商品沒有獨占這種任務，而金銀則獨占了呢？關於這一點，也許因裝飾品、裝飾材料是人類最初的重要交換品，這種事情成了其一部分的原因。但是形成其主要原因的，則爲金銀的自然性質最適合通行等價物的社會功能這件事情。在這裡，我們只提出兩件事實：第一，金銀有比較不變的性質，無論在水裡或空氣中所受的變化極少。由是，在日常使用中，可以視爲完全不變的東西。第二，金銀可以任意分拆或合成。所以，在顯示平等無差別的普遍人體勞動上；換言之，在表現只有量的差異而無質的差異之價值上，金銀是很適合的東西。

(五)價格

　　所謂價格，是用貨幣表現價值的東西──即價值的貨幣形態。「價格乃商品所含的人體勞動的貨幣名稱。」「某一商品在金子中的價值表示就成2頂帽子 = 10元，就是其商品的貨幣形態即價格。」

　　於是。原則上，在貨幣的價值（即其生產上社會的必要勞動量）無變化的時候，則商品的價格是和其價值成正比例而有高低的。換言之，價值量大的商品其價格高，價值量小的商品其價格低。

　　可是，實際上，價值與價格是可以相背的。「商品的價格雖能表示商品價值的眞正大小，但有時也可以表示較商品更大的或更小的價值。因之，價格與價值的大小之量的不一致或價格與價值的相背之可能性，已經內在於價格形態這種東西之中了。」引力不是落下現象的唯一原因，同樣，價值也不是價格的唯一原因。所以有一種商品，不單是一時且是永續其價格在價值以上，

也能存在。例如：金剛石、金子，其價格是否和價值一樣，還是一個疑問。又如勞動者所擁有的勞動，在一定的事情之下，是可以永續接受其價值以下的報酬的。[6]

並且，還存在沒有價值的物品而能有價格的場合。價格形態，不僅只有價值與價格之間（即價值的大小與用以表示其自身的貨幣量）之不一致的可能性，並且也能包含一種質的矛盾。因此，貨幣不外是本來各類商品的價格形態，所以價格不全是價值的表現。例如：良心名譽等其自身雖不是任何商品，但其擁有者可以將其賣出而得著貨幣。這樣一來，則這些物品，便可以依據價格而採取商品形態。於是物品就可以無價值而有價格了。這個場合的價格，和數學上的一定容積一樣，完全是想像的東西。然而另方面，這種想像的價格形態，有時可以直接或間接和實際的價值發生關係。例如：因其中並未體現什麼人體勞動，所以並無什麼價值的未開墾地的價格即是。

馬克思所說的價格，大體已如上述。此後，我們的研究更進一步，移到所謂剩餘價值的探求上去。

---

6 在這裡有句話非注意不可，即是馬克思在《資本論》第三卷中，更這樣地論證過：在資本生產方法之下，由於價值法受到平均利潤化法則的影響，結果，許多商品的價格，不但可以永續低落在其價值以下或升高到其價值以上，並且必然非這樣不可。這一點便成了馬克思價值論中的問題的疑點，而馬克思價值論便被人家非難以為此處藏有矛盾。在日本，自大正十一年至十二年之間，小泉信三、山川均、高島素之、河上肇、加田哲二等，關於這一點，打了很久的筆墨官司，所謂「學術界未曾有的論戰」。但問題很是複雜，好像仍未解決。

② 剩餘價值

第一節　貨幣的資本化

(一)商品流通的第一形態（單純商品流通形態）

我們已經知道，商品交換中的貨幣，由於獨占通行等價物的任務而發生。於是，因為交換媒介工具的貨幣出現的結果，則從舊有的物物交換（即商品的直接交換）而發展到新有的商品流通形態。

我們暫且隨著一個農夫到市場上去；他將自己種的野菜換來十元，而用此買了一罈醬酒。我們在這個時候看出了兩種相反的轉化。即商品轉化為貨幣，而貨幣再轉化為商品。將這個時候的流通形態用公式表示出來，就如下：

商品——貨幣——商品

馬克思將這種流通形態叫做「單純商品流通形態」。

在這種單純的商品流通形態中，是「為想購買才售賣的。」農夫將雖是自己的勞動生產物但對於自己並非使用價值的野菜交換貨幣，又以此得來的貨幣再交換對於自己是使用價值的醬酒。

而醬酒到了農夫的手中便消費了。因之，這種流通在這裡也就終止了，農夫一度獲得的貨幣就如此又從農夫的手中轉出去了。要之，在這種流通形態中所進行的交換，完全是以消費為目的。

並且，在這種單純商品流通形態「商品──貨幣──商品」中，兩端的商品，原則上，其價值應該是相等的。換言之，含有某一定量的社會必要勞動的野菜，和含有等量的社會必要勞動的貨幣交換，而貨幣又和含有等量的社會必要勞動的醬酒交換。即是相等的價值彼此交換。由是，這種流通形態的目的所在，顯然非交換價值，而實在是使用價值。

(二)商品流通的第二形態（特殊商品流通形態）

然而從以上所說的「為買而賣」的單純商品流通形態，逐漸發展到「為賣而買」的新流通形態了。將這種新流通形態用公式表示時則如下：

$$貨幣──商品──貨幣$$

即是如馬克思所說過的，「商品流通的單純形態。是「商品──貨幣──商品」。即是從商品轉化為貨幣，又從貨幣再轉化為商品。換言之，為買而賣。但現在又發現了和這種形態並行的一種特殊不同的形態。這種特殊不同的形態，即是貨幣──商品──貨幣，從貨幣轉化為商品，又從商品再轉化為貨幣。換言之，為賣而買。」而這種「特殊不同形態」的商品流通，如後所述，便是構成資本的東西。

現在將這兩種公式比較一下，第一種單純商品流通即「商品──貨幣──商品」的運動，原來如以前所說，是以消費為終

極目的。換言之，因爲要買自己所必要的商品，所以才賣自己所不必要的商品。由於這種運動，是到了這裡便終止了的運動，用賣出自己的商品而得著的貨幣去買其他的商品，而其所買的商品，已經消費而脫離了流通領域，於是，貨幣一經支出後，最後和其最初的擁有者愈離愈遠了。結果這種循環即成就出這種循環終點的商品，原則上，和成爲其始點的商品，其價值完全是相等的。

然而第二種特殊商品流通即「貨幣──商品──貨幣」的循環，與前不同，不是以消費爲目的。這種循環的終點，是貨幣而非商品。換言之，投於最初流通領域的貨幣，不是支出，而只是預借，貨幣仍然要再回到原有者的手中。他先將貨幣放出去，結局又將貨幣收回來。這種循環並不就此終止，而是重複繼續進行。最初預借的貨幣，回到其所有者的手中後，又投到流通領域內，結局，再回到原有者的手中──就這樣無限重複著這種循環運動。這樣一來，在「貨幣──商品──貨幣」這種流通形態中的貨幣運動，就實在無限際了。這是什麼緣故呢？

以下，我們專就這種第二商品流通形態來考察一下。

(三)交換價值是目的

然而成爲第二種商品流通形態的目的及其循環運動之原動力的，是什麼東西呢？第一種商品流通形態的目的及其運動的原動力，是很明顯的；使用價值──消費，即其目的。但第二種「貨幣──商品──貨幣」的運動，一看就好像是完全無意義的東西。如果賣出穀物而買回他物，則循環中之始點與終點的商品，其價值縱然相同，但其使用價值互異。然如果因欲用十元賣出砂

糖，所以才用十元買入砂糖，那麼，買與不買，豈不是一樣的事情嗎？因之，在為賣而買的過程中，如果要真的有意義、有利益，無論怎樣，必須始點的貨幣額（交換價值或價值）和終點的貨幣額（交換價值或價值）不同。

可是，一切貨幣額，只有份量上的差異。所以，「貨幣——商品——貨幣」的循環，只有在其終點的貨幣額較其始點的貨幣額更大的場合，才有意義。而這種貨幣額的增殖，或交換價值（即價值的增殖）這件事，便是這種循環的原動力。要之，為賣而買的人們，是因為能賣得更高，所以才買的。第一種商品流通形態「商品——貨幣——商品」的循環，我們已經知道，只有其在始點的商品與終點的商品是同一價值的場合，才應該進行；反之，第二種商品流通形態「貨幣——商品——貨幣」的循環，如果應該要進行，則非其終點的貨幣額較大於始點的貨幣額不可。

買這件事即是賣，賣這件事即是買，在這種意義上，以上的兩種循環運動結局，好像是同樣的事情。然而在本質上，兩者是完全相異的。總而言之，「商品——貨幣——商品」的循環運動，從一商品之極出發，而以脫離流通界歸於消費的另一商品之極了結。消費——慾望的滿足；換言之，使用價值，即是這種循環運動的最後目的。反之，「貨幣——商品——貨幣」的循環運動，從貨幣之極出發，結局又回到貨幣之極來了。因之，這種循環運動的促進動機及決定目的，即是交換價值這個東西。

(四)剩餘價值

現在，我們來到馬克思經濟學中最重要的概念——剩餘價值的認識上：

我們已經知道，「貨幣──商品──貨幣」的循環目的，在於其終點的貨幣額（價值）較其始點的貨幣額（價值）增大這一點，而這種增大的價值部分，就叫做「剩餘價值」。

現在，更採用具體的例子來說明一下。如果以前面砂糖的例子來講，那麼，以售賣爲目的，（不管它是作成糖果賣出，還是仍以砂糖賣出）而買來十元的砂糖這件事，是因欲用更高的價格，例如：10元＋2元賣出的緣故。換言之，其目的在於多加點貨幣在其最初的貨幣額上。用公式示之如下：

貨幣──商品──〔貨幣＋（貨幣）〕

因爲這種（貨幣）──即新加的價值，是作爲最初放下的價值的剩餘而出現以上的循環運動之終點上的，所以馬克思在《資本論》中所說的「剩餘價值」，不外就是這種（貨幣）。其他如利潤、利息、地租等，都是這種「剩餘價值」的現象形態。[1]

---

1 我們在這裡必須注意，不可將「剩餘價值」這個東西和剩餘價值的現象形態混同。這與不可將價值和價格混同，是同樣的要緊。我們之所以在本書中的研究上常常將價值、交換價值、價格視同一體，是因爲我們所從事的還是抽象的法則的研究，而不是以之說用現實中的各種現象的緣故。這恰如在眞空界中觀察重力的法則一樣，在眞空界中，無論是鉛或羽毛，是完全以同樣的速度落下的，但在空中，則因有空氣的抵抗，所以不能和在眞空界中一樣。我們現在還是在眞空界中觀察價值法則。至於就現實世界各種現象來觀察，則在《資本論》第三卷，本書第五篇中。然而在許多批評馬克思價值論的學者中，動輒不理解這一點，以爲馬克思價值論體系中的價值與價格不一致，剩餘價值與廣義中的利潤（包括地租與利息）不一致而即刻說是馬克思矛盾的地方，這是值得我們注意的。

(五)資本乃生產剩餘價值的價值

　　在商品流通第二形態「貨幣——商品——貨幣」的循環中運動的貨幣即價值，因其生產剩餘價值；所以成了資本。所謂資本，乃生產「剩餘價值」的價值。換言之，即是最初採取所謂貨幣，這種「普遍的存在樣式」，繼而採取所謂商品這種「特殊的存在樣式」，其次又採取所謂貨幣這種「普遍的存在樣式」而循環，在循環中增殖其自身的價值。「這真是生出活小雞，或至少是生出黃金雞蛋的東西。」

　　實際上，資本這個東西，要以這種自己增殖運動為前提才能理解。想丟開了這種條件而將其作為靜止物來理解的時候，常常非陷於一種滑稽的矛盾中不可。過往的經濟學者，關於將什麼東西作為資本，即關於資本的概念，往往陷於可驚的混亂與錯誤中。例如：某學者，下這樣的定義，說資本乃勞動器具。那麼，據他的定義，則在石器時代，資本家就已經存在了。並且，用石頭打碎胡桃的猿猴，也不得不是資本家了。同樣，流浪漢打落樹上果子的木杖也是資本，而流浪漢自己也就成了資本家。又如某學者，將資本定義為蓄積的勞動。那麼，螞蟻、鼴鼠也非得和三井三菱（日本的大資本家）列於同僚不可。又如某學者將促進人體勞動而提高其生產力的東西一切算為資本。那麼，國家、人類的知識、靈魂等皆是資本了。這些俗見，只可以作為童話的材料，而在促進我們關於人類社會的法則、進化的動力等科學的知識上，是絲毫沒有效果的。將這種俗見，開始從經濟學中驅逐出去的，就是馬克思本人。

(六)資本是歷史的產物

我們已經知道，資本是生產剩餘價值的價值，資本的一般公式是「貨幣──商品──〔貨幣＋（貨幣）〕」。那麼，根據這種公式，我們就可以知道，資本的運動，最初以貨幣始，其次轉化為商品形態，最後又再轉化為貨幣。

於是根據這種公式，我們又認識了這種事實：一切的貨幣、一切的商品，必不皆是資本，要在這些東西為一定的運動的時候才成為資本。我們為買消費物，如麵包、上衣等，而支出的貨幣，絕不是資本。這恰恰和我們所賣出自己生產的商品，在其交易上，並無資本的作用是一樣的。貨幣要在其採取「貨幣──商品──〔貨幣＋（貨幣）〕」的循環運動即商品流通的第二形態的時候，才成為資本。

那麼，資本的出現，要在人類社會發展到某一定的程度而在其商品的交換上採取商品流通的第二形態的時候，才有可能。換言之，資本也是歷史的產物。只有在一定的社會條件已發生的時候才能存在。關於這一點，要等到了以下第三節研究「作為商品的勞動力」的時候，我們才能更加明瞭。

第二節　剩餘價值的出處

(一)不是從流通過程中生出來的

我們雖然已經知道「作為資本的貨幣的流通形態」，「貨幣──〔貨幣＋（貨幣）〕」，但我們還不知道以上的（貨幣）

即餘剩價值是從什麼地方來的。

剩餘價值這個東西，看來好像是由買賣行為造成的。換言之，好像是從流通過程中生出來的。而這種由流通過程生出剩餘價值的見解，現在還在流行著。但是這種見解，都是由於混同了價值與使用價值而發生的謬論。他們異口同聲說，因為交換的當事者互相提供自己不使用的物品而得著自己使用的物品，所以兩方面都有利益。或者這樣說，我們提供對於自己價值少的物品而接受對於自己價值多的物品。[2]

然而怎樣才能使隨著其擁有者或大或小變幻無定的剩餘（使用價值）成為現實的、客觀的剩餘貨幣——剩餘價值呢？

這樣的說明，完全基於使用價值和價值的混同上，而不能解決我們所認為問題的「貨幣——商品——〔貨幣＋（貨幣）〕」

---

[2] 福田德三博士也就是這樣的想法。此事已被高畠素之在其著《馬克思研究》及所譯「資本論解説」中指摘過，我現在為參考起見，暫且借用一下。福田博士在其著《國民經濟講話》」中說，「我用一塊大洋去買一頂帽子，而帽子店也以一塊大洋出賣一頂帽子。其實，帽子店以不值一元的帽子賣得一元，而我則以一元買得值二元以上的帽子。帽子店所賣得的一元價格，必大於其所費的價格，而我所付的一元價格，必小於我所欲買這頂帽子的價格。物品的賣價，必較賣物之價大，而較買物之價小。」「假定現在這裡有一塊大洋。如果所有的一塊大洋的用處和買一頂帽子的用處對於我完全是相同的，那麼，買帽子這件事就無益了。我們之所以拿一塊大洋去買帽子，是因為現在買一元的帽子較之手裡拿著一塊大洋更加有用的緣故。」

照這樣說來，博士完全將使用價值和價值混同了。據博士這種說法，則藥店將四角五分錢的藥，賣得五角，得著五分錢的剩餘，而這五角錢的藥，現在對於病危的病人，較優於一千萬元的財產，那麼，照博士的論法看起來，這個病人實在得著了九百九十九萬九千九百九十九元五角的剩餘。竟有這樣愚蠢的言論！如果用這種方法得著剩餘價值，則世界中就沒有貧困的人了。博士之所以有此奇妙的結論，完全是他將純社會的客觀的價值之表示物——貨幣，和用貨幣買來的純個人的主觀的使用價值混同了的結果。

中的（貨幣）。原來，交換這件事，是以使用價值的不同為基礎的，而在使用價值是問題的時候，交換者的兩方面皆能得著利益，這是很顯然的。因為無論哪一方面，在使用價值上，都是讓渡自己不用的商品而接受自己要使用的商品的緣故。然而現在的問題，並不是個人主觀中的使用價值，而是實際上表現為貨幣的剩餘價值。

(二)不是從交換過程中生出來的

然則成為問題的剩餘價值，到底是從什麼地方生出來的呢？

以前再三說過，商品的交換，一方面基於其使用價值的不同，另方面又基於其價值相等。換言之，即等價物與等價物交換，就是在貨幣作為流通工具而介於商品之間，購買與售賣的行為已顯然各別的時候，問題還是一樣。由是，商品交換即流通，並不是增殖價值的什麼手段。換言之，以等價物與等價物的交換為原則的交換，絕不能生產剩餘價值。然實際上，事物必不是照純粹的形樣（依照原則）進行的，所以我們現在假定各種非等價的交換看一看。即是破壞等價交換的原則，例如：許可一般的商品擁有者能將商品提高到實際價值百分之十而出賣的特權。那麼，裁縫店將值三十元的上衣賣得了三十三元，他雖無故賺了三元，但他現在要用三十三元去買從前只用三十元買的葡萄酒。這樣一來，結果，一文錢也沒有賺到手。

或者有人這樣說，因為一切的商品擁有者皆可以提高同一的比例，所以誰都不能得著剩餘價值。那麼，現在更假定某一類的商品擁有者，可以在價值以上賣出而在價值以下買進。例如：某商人用九十元從農夫手裡買來百元價值的馬鈴薯，而又以

一百一十元賣給裁縫店，在這裡，他便得著了二十元的利益，然而價值的總額並未增加絲毫。即是最初爲100元（農夫）＋ 90元（商人）＋ 110元（裁縫店）＝ 300元，而交易的結果仍然爲90元（農夫）＋ 110元（商人）＋ 100元（裁縫店）＝ 300元，在整體上，並未產生一文的剩餘。只不過商人從中獲得了二十元的賺頭，然其所賺得的，並不是價值增加的結果，而是別人所擁有的價值減少的結果。換言之，只是價值的分配有所不同，而其總額上並無什麼變化。

那麼，無論怎樣細看，無論怎樣翻轉來看，而事實仍然是一樣的。各種等價交換的場合，自然產生不出什麼剩餘價值。就是在各種非等價交換的場合，也產生不出什麼剩餘價值。因之流通或商品交換，未嘗創造什麼價值。

(三)不是從盜掠而來的（附商業資本及付息資本）

然則剩餘價值，不是從盜掠而來的嗎？盜掠只能占有已經造出了的剩餘價值，而不能造出任何剩餘價值這種東西。這恰如一部分商品擁有者不能由價值以上賣出或由價值以下買進產生任何剩餘價值一樣。盜掠者所得著的一點，即是被盜掠者所失掉的一點。結局，在社會的價值總額上，並未發生何等剩餘價值。

在這裡要將固有的商業資本及付高利息資本（付息資本）說一說。固有的商業資本及付高利息資本的歷史起源，就在於盜掠占有他人的價值。換言之，或者作爲商業資本，經過商品流通而盜掠並占有他人的價值，或者完全作爲付高利息資本而直接盜掠並占有他人的價值。然這種行爲，如果不破壞商品流通的原則──即所謂價值只有和等價值交換的原則──不能成立。所

以，說到資本，則在只有商業資本及付高利息資本的時代，資本已和當時的經濟制度及道德觀念衝突過，無論在古代或中世紀，高利貸不消說，就是商業也是遭世人忌憚的。古代希臘的哲學者、初期基督教徒、羅馬法王、宗教改革者，都是視之爲蛇蠍的。我們在排列哺乳動物標本的時候，不會將卵生哺乳的鴨嘴獸放在第一位。同樣，我們認識近代社會之經濟基礎的資本，不能從其洪水前期形態的商業資本及付息資本出發。等到較這兩種資本形態更高一層的資本形態（指產業資本而言）成立了以後，才發生這兩種資本和現存商品流通原則能夠一致的各種中間連鎖關係。此後，這兩種資本早已不是欺詐和盜掠了。我們要認識了資本的近代基本形態以後，才能理解商業資本及付息資本。而馬克思之所以將商業資本及付息資本朝後轉放在《資本論》第三卷中去研究，實在不外是這個緣故。

商業資本及付息資本，說起來還是枝葉問題，我們在這裡只要知道「剩餘價值」不能由盜掠而來就得了。

(四)它不是從一般商品之生產的消費中生出來的

剩餘價值，既不是從流通也不是從盜掠而來，那麼，到底是從什麼地方來的呢？我們在這裡就只有轉向流通過程以外（即生產過程）去觀察了。

然則剩餘價值是從商品流通領域外（即生產過程中）的一般商品（也可以說是普通商品，以便和特別商品的勞動力區別）之生產消費而生出來的嗎？

商品的擁有者，由於在其生產過程中加上勞動而變更其商品的形質，可以加上新價值。換言之，將其商品經過生產的消費

後，是可以生產價值更大的商品。可是，這類更大的價值是新加的價值，而不是原來商品價值的增大。原來的價值，不受何等增減，只照原樣移轉而已。例如：絹織業者，買入百元的絹原料而以之造成絹織物。假定其所支出的社會必要勞動量為十元。那麼，這種絹織物的價值，就為100元＋10元 = 110元。然絹織物的價值之所以為一百一十元，是因為在其生產過程中加上了新價值十元的緣故，而代表一般商品──絹原料的價值的，仍然為110元 – 10元 = 100元。換言之，一般商品的絹原料，在其生產的消費中，並未增大其價值。因之，剩餘價值也不是從一般商品之生產的消費中生出來的。

　　那麼，我們就陷於可以說明「剩餘價值」之出處的窘境了。剩餘價值，既不是由商品流通創造出來的，也不是從商品流通以外生出來的，那麼，便成了問題。我們怎樣去解決這個問題呢？馬克思在這裡引用了這樣一句古言：「啊，到了諾滋使島，跳起來看啊！」

第三節　視作商品的勞動力

(一)剩餘價值是從勞動力之生產的消費中生出來的

　　剩餘價值，既不是從原則的商品流通中生出來的，也不是從破則的商品流通中生出來的，又不是從盜掠而來的，更不是從流通以外一般商品的生產消費中生出來的，那麼，到底是從什麼地方來的呢？讓我們再回到剩餘價值發生的一般公式「貨幣──商品──〔貨幣＋（貨幣）〕」，而更深一層地觀察一下。

　　這個公式，是從買商品即「貨幣──商品」和賣商品即「商品──〔貨幣＋（貨幣）〕」兩種行爲而成立的。如果依照商品交換的原則，則「貨幣──商品」中的貨幣與商品其價值必相等，而「商品──〔貨幣＋（貨幣）〕」中的商品與〔貨幣＋（貨幣）〕其價值也非相等不可。這是什麼意思呢？答曰：貨幣──商品──〔貨幣＋（貨幣）〕這個公式。嚴謹地說來，非是貨幣──商品……〔商品＋（商品）〕──貨幣＋（貨幣）不可（點線是生產過程的意思）。

　　然而在什麼場合，商品……〔商品＋（商品）〕才可能呢？答曰：在商品於其生產的消費中必然增大的場合；換言之，在其生產的消費中能夠創造原有價值以上的價值的商品已存在於其中的場合，才可能。所以，如果發現了一種特別商品，其使用價值的特色在於成爲價值的源泉；換言之，消費那件事同時就是價值創造並增加這件事，則剩餘價值之謎便解決了。

　　我們已經知道，形成並造出商品價值的東西，只有唯一的勞動。因之，這個公式，只有在勞動力作爲商品而包含於其商品中的場合；換言之，只有在勞動力是一種商品的場合才實現。在資本主義社會中，勞動力是作爲商品而出現於市場中的。而貨幣擁有者，可以自由地在市場中購入這種特別的商品。這樣一來，剩餘價值出處之謎，便漸近於解決了。

　　然這種勞動力，嚴格地說，是什麼東西呢？這種勞動力或勞動能力是指存在人的肉身即活生生的人格之中而每當運用就生產某種使用價值的身心能力的總計而言的。

(二)使勞動力成為商品的根本條件

　　勞動力非作為商品而出現於市場不可。而商品交換的根本條件，先必商品的擁有者對於其商品有完全的支配權或處分權。於是，欲使勞動力成為商品，則勞動力的擁有者——勞動者非是自由人不可。是自由人，則一定能夠自由支配或處分其勞動力。但他不能一次將他的勞動力完全賣掉，他只能在一定的時間內零賣。否則，他是奴隸而非工資勞動者。他是商品而非商品的擁有者。所以為使勞動力成為商品起見，他始終必是自由人。

　　然使勞動力成為商品起見，現在更須另有其他一個條件。我們已經知道，使用價值為了成為商品起見，則對於其擁有者必是非使用價值。勞動力也是為一種商品而出現於市場的，則對於其擁有者的勞動者也一定是非使用價值。然勞動力的使用價值，是創造勞動力以外的其他使用價值的東西。而勞動力為了發揮其使用價值而造出其他使用價值起見，則一定要有它可以勞動的生產裝置。然在勞動者能夠有生產裝置的時候，他就不會售賣其勞動力，而由自己使用，將其生產物作為是自己的物品而售賣了。那麼，勞動力之所以成為商品，則必須勞動者和生產裝置分離；換言之，從生產裝置中得著自由。

　　如此，勞動者，無論怎樣，非自由不可。一方面，他必須有售賣其勞動力的自由，同時他方面，必須有離開其一切必要的生產裝置的自由。這就是貨幣擁有者能將其貨幣轉化為資本的根本條件；換言之，即是資本制生產方法的根本條件，然這種條件，既不是自然生成的，也不是一切社會形態固有的，而實在是長期間歷史發展的結果。至於這種條件，在社會的形成上，擔任決定

性作用這件事，還是較爲近代的事情。就是在歐洲，資本的近世經歷，是十六世紀才開始的。

(三)勞動力的價值之決定

我們已經知道生產剩餘價值的商品了。但這種商品——勞動力——的價值又怎樣去決定呢？

勞動力的價值，和其他商品價值一樣，是以其生產上及再生產上的社會必要勞動時間來決定的。

勞動力這種東西，以勞動者的存在爲前提。而勞動者的存在，又以一定量的生活物資爲必要。因之，勞動力之生產上的必要勞動時間，就畢竟等於這一定量的生活物資生產上的社會必要勞動時間。

而生活物資的大小，又由種種的事情來決定。例如：勞動者所支出的勞動力愈多，則其勞動時間愈長，勞動緊張愈甚，那麼，他爲了恢復其疲勞而使第二日也能和第1日一樣勞動起見，就更加必需多量的生活物資。另一方面，又隨國家之異及其自然的並文化的慾望之異而異。挪威的勞動者，較之印度的勞動者，其所必要的生活物資更多。挪威的勞動者在生存上所必要的衣食住及其他生活物資，較之印度勞動者的生活物資，其生產上所必要的勞動時間更多。再者，在一國的文化不進步，勞動者用赤腳在街上走，既不看新聞，也不讀雜誌那樣的地方，縱然氣候及其他自然條件沒有什麼差異，但他們的生活物資，較之穿靴子看新聞讀書籍的文明國的勞動者，要少。所以馬克思說：「決定勞動力的價值，和決定其他商品的價值不同，當中還含有一種歷史的及道德的要素。」

再者，還有一件不得不考慮的，即是勞動者階級的再生產費。誰都知道，勞動者的生命是有限的。但資本是想不死的。要資本不死，則必須勞動者階級也不死。換言之，勞動者的生殖成了必要的事情。因之，在勞動者維持勞動力的必要生活物資中，還得包含扶養子女（有時也包含妻子在內）的必要生活物資。

最後，在勞動力的生產費中，必須將勞動者教育上的費用 ── 即在一定的勞動部門裡養成一定的熟練度所必要的費用 ── 也算在內。但這種費用，對於多數的勞動者，是極細微的。

要之，由於以上各種決定原因，在一定的國家及一定時期內的勞動者階級之勞動力的價值，是常常有一定的大小的。

(四)庸俗經濟學中的「工資先付論」的愚妄

照庸俗經濟學者的見解來說，資本家已經將工資先付給勞動者了。爲什麼呢？因爲資本家普通都是在售賣勞動者的生產物之前，就已經支付了工資的。然而實際上，資本家並沒有先付工資給勞動者，卻是勞動者先將勞動力付給資本家了。

例如：爲造酒精而買入馬鈴薯，等酒精造好後再付馬鈴薯的代價，但那個時候酒精還未售脫。在這個場合，如果說我在酒精還未售脫以前，已將馬鈴薯的代價付給農夫了，所以謂之先付，這豈不是太滑稽了嗎？事實上，卻是在造酒精的中間從農夫那裡先借來了馬鈴薯的代價。如果要說先付，則在交易中就要付現金。現品消費之後才付款，現付尙且說不上，而現說已經先付，我想商人對於這種經濟學的聰明論調也會大吃一驚吧。然庸俗的經濟學者仍然將這種愚論在勞動者面前鼓吹著。如果資本家眞要

用現金買入勞動者的勞動力，那麼，他就應該在勞動力移到自己
手裡的一剎那間，即是在契約勞動日的最初一日付款。可是，
實際上，歐美是每星期的最後一日付款；日本是每月的最後一日
付款。所以在今日這種支付制度之下，勞動者不但冒工資上的危
險，並且還要自己先墊錢去買生活物資。而另方面，又要忍受中
間商人所售與的生活物資之一切欺詐。要之，對於勞動者，工資
支付期間愈長愈是不得了。因為在這段期間內，為勞動者的，一
方面有賒賣勞動力的一種危險，同時，另方面，又要自己先墊付
勞動力的生產費。

(五)布爾喬亞學者的自由平等博愛的理想鄉

布爾喬亞的學者們常常這樣說──無論工資支付制度怎麼
樣，勞動者與資本家，在原則的狀態之下，總是以交換等同價值
的兩個商品擁有者的資格而對立著。資本在今日，不但早已不和
商品流通的原則相衝突，並且還在其基礎上運動著。現在，勞動
者和資本家，都是作為商品的擁有者而對立；換言之，都是作為
具有獨立人格的自由平等的人而對立著。他們實在都是這樣的人
而隸屬同一的階級。換言之，他們都是同胞。勞動者與資本家互
相交換等同的價值。因之，正義、自由、平等、博愛的王國，平
和與幸福的黃金世界，是和工資制度的制定同時發生的。所謂隸
從、壓制、搾取、高壓政治的痛苦，已經是屬於過去的事情了。

不錯，在交換的範圍內，確是這樣，但問題絕不在這裡。我
們絕不會被這種事欺騙。

(六)從流通過程到生過程問題的轉移

我們已經找到了「剩餘價值」的祕密，是存在於「貨幣——商品……〔商品＋（商品）〕——〔貨幣＋（貨幣）〕」公式中的商品……〔商品＋（商品）〕之間的，更發現了使這種商品……〔商品＋（商品）〕成為可能的事情，不外是勞動力的消費。

然勞動力的消費，是在生產過程中遂行的。於是我們就不得不先丟開流通過程而走到生產過程裡去。馬克思曾以有名的文章結論著：

我們隨著貨幣擁有者及勞動力擁有者一起去到很騷動的浮於表面的任何人的眼睛都可以看得到的領域裡，而跟著他們走進其入口處寫著「商品以外，概不准入」的生產的隱密的地方。在這個地方，會不但顯示著資本是怎樣生產的，並且顯示著資本自身是怎樣生產的。如此，貨殖的祕密，就不得不暴露了。當離開單純的流通（或商品交換）的時候，我們的登場人物的相貌，看起來好像已有幾分變化的樣子。以前的貨幣擁有者，現在成了資本家，而最先往前行，以前的勞動力的擁有者，則成了他的勞動者而隨著他走。一方面振作他的病體，佯裝笑容，以熱中的態度從事工作，另方面將自己的皮搬運到市場上去，現在好像除開剝其皮以鞣成熟革外，成了別無期待的人一樣，戰戰兢兢地踏跙而已。

第二篇
剩餘價值的生產
（剩餘價值生產之卷二）

1 絕對剩餘價值的生產

第一節　勞動過程及價值增殖過程

(一)使用價值形成過程 —— 勞動過程

我們在第一篇中已經知道了馬克思所說的勞動價值及剩餘價值是個怎樣的東西。那麼。在以下的第二篇中，我們就專門研究剩餘價值是怎樣在生產過程中生產出來的。

我們已經知道，資本家在市場中購買勞動力。但勞動力如仍然遺留在市場中，則對於資本家是沒有什麼用處的。所以他將這買了的勞動力帶回自己可以將它消費的地方 —— 勞動場域。因此我們的研究，也不得不跟隨他走到勞動場。換言之，我們的觀察，先要離開商品流通的領域而進到商品生產的領域。然而在這裡，到底上演了什麼樣的把戲呢？

我們先要考察考察資本家所帶回的「勞動力」是怎樣形成的。「所謂勞動力的使用，即是『勞動』，這個東西」。資本家所買的勞動力的賣家，是勞動者。資本家為自己的緣故就使這個勞動者「勞動」而作出商品以消費其購買的勞動力。換言之，即是勞動者在生產。

　　然在第一篇已經說過，生產商品的勞動，有兩方面。一方面造出使用價值，同時另方面造出價值。但造出使用價值的這一方面，不是商品生產所獨有的。無論社會的形態如何，它是當作人類生存上不可缺少的要件而存在著的。這種形成使用價值的勞動過程，就叫做勞動過程。

(二)勞動過程的要素 —— 勞動，勞動對象，勞動工具

　　在勞動過程中，必定要有三種根本要素：1.勞動，2.勞動對象，3.勞動工具。

　　所謂勞動，第一是認識了目的而依照這種目的的人體活動。換言之，即是人體將大自然物製造成適於滿足自己慾望的形態的活動。這種活動，不只人類獨有，人類以外的動物，也有這種活動的雛型。不過人類發達到了某程度的時候，就脫離其本能的形態而成了一種有意識的目的之活動。原來任何勞動，一方面是筋肉勞動，同時另方面也是腦髓及神經上的勞動。馬克思說得好：「除開勞動的身體諸器官的緊張以外，還有以『專注』而表現出來的目的意志，在勞動的全過程中，也是必要的。而這種必要，在勞動者很少注意於勞動的內容及遂行的樣式上，即勞動者很少將其勞動當作自己身心力的遊戲而樂之的時候，更加顯著了。」

　　勞動者，是在一種對象上從事勞動的。這種對象，即是勞動對象。當這個時候，勞動者還要使用輔助器具 —— 即將其物理的或化學的性質，依照勞動自身的目的，而作用於勞動對象上的東西。這種輔助器具，即是勞動工具。而勞動者用這種勞動工具在其勞動對象上加工的結果所造出的物品，即是生產物。以上的勞動工具與勞動對象的總稱，我們就將它叫做生產裝置。

　　當木匠製造桌子的時候，必定加工於木材。這個時候，木材即是勞動對象。然這種勞動對象，並不是如未開發森林的樹木一樣自然存在的，而是在取得之先費了一定的——例如：伐木，搬運等——勞動的，在這個揚合，我們就將它叫做原料。由是，木匠所加工的木材，也就是原料。然不僅木材是原料，凡是桌子工作上所必要的膠漆等也是原料。在這些原料中，我們將木材叫做主要原料，膠漆等叫做輔助材。另方面，木匠所使用的鋸鉋等，即是勞動工具，桌子即是生產物。

　　一種使用價值，是當作原料（勞動對象）而表現出來呢？還是當作勞動工具而表現出來，抑或當作生產物而表現出來？這完全要看它在生產過程的功能如何，同一的使用價值，既可以為原料，也可以為勞動工具，更可以為生產物。

　　例如：同一的牛，將其當作畜養的結果看，即是生產物。將其當作輓獸使用，即是勞動工具。如果飼養起來，或榨其乳或屠其肉以出賣，便是原料（即勞動對象）。

　　勞動工具，在人類社會的發展上，是擔任很重要工作的東西。由於勞動工具及勞動方法的形態而決定社會的生產方法及生產關係，由於生產關係的形態更決定了經濟關係，在這種經濟關係上面便造成法律、宗教、哲學、藝術等所謂上層建築。[1]

1　所謂馬克思的唯物史觀，就是說明以上的生產方法和社會的關係之學說。想更深理解這一點的人，必須更研究唯物史觀。馬克思的學說，大體是由經濟學說，社會學說（唯物史觀及階級鬥爭說），哲學說（辯證法的唯物論）三方面成立的。本書只想專門說明其經濟學說而已。

(三)價值形成過程〔一般的商品生產過程〕

生產裝置（即勞動對象與勞動工具）和勞動，在一切生產方法之下，形成使用價值生產（即勞動過程）的根本要素，在這一點上，一切的勞動過程，都是相同的，但勞動過程的社會性質，則因其生產的目的之異而異。原來所謂勞動過程，即是使用價值形成過程，但在使用價值形成過程中，可以分為兩種，一種只以使用價值生產為目的的，另一種不但以使用價值生產並且同時以價值生產為目的；前者，行於共產制生產及自家用生產方法之下，後者行於一般的商品生產方法之下。我們現在所專要研究的，即是商品生產。

一般在商品生產中，使用價值的生產這件事，要之不外是價值生產的手段而已。原來商品這個東西，是使用價值與價值合成的。因為使用價值是價值的實質承擔者，所以若不造出使用價值，則價值也無望。生產者所造出的商品，第一要件，必須是滿足人間慾望的東西。換言之，一定要對於任何人都有效用。否則，生產者就不能將其售賣。雖然如此，但商品必須是使用價值這件事，絕不是生產者的生產行為之本來目的。從商品生產者的立場來說使用價值生產這件事，不過是價值生產的不得已的手段而已。

總言之，一般商品生產的生產過程，一方面是使用價值生產過程，同時另方面也是商品價值生產過程。換言之，即是勞動過程與價值形成過程的合成。

(四)價值增殖過程（資本制商品生產過程）

以上乃就一般商品生產的共通的、普遍的特徵而言，但我們研究的本來目的，卻是特殊商品生產——即資本制商品生產。因之，我們就不得不從一般商品生產的觀察進而到資本制商品生產——即以獲得剩餘價值為目的的商品生產——的生產過程之觀察。資本家要用其購入的勞動力生產什麼呢？

第一，他要生產一種有交換價值的使用價值——一種可以售賣的物品——即商品。第二，他要生產一種較其生產上所需的諸商品（即他為生產而在市場中用其貴重的貨幣所購入的生產裝置及勞動力）的價值總額更高的商品。換言之，他不但要生產使用價值，並且要生產價值。不但要生產價值，並且還要生產剩餘價值。

我們資本家的生產過程，不單是價值形成過程——即價值生產過程，而實在是價值增殖過程。

然則，他是怎樣在生產過程中增殖價值呢？現在就接近了我們所要解決的這個問題……「貨幣——商品……〔商品＋（商品）〕——貨幣＋（貨幣）」公式中的商品……〔商品＋（商品）〕。我們試用以下具體數字的考察，就會完全將這個問題解決。

(五)剩餘價值的成立

資本家，為經營其生產之故，不得不先準備勞動（即勞動力）、勞動對象及勞動工具這三種生產的根本要素。我們現在觀察當資本家用其購入的生產裝置及勞動力經營生產的時候，是怎

樣增殖其所生產的商品價值呢？並且增殖了多少呢？[2]

　　假定資本家是每日購買勞動力的。而勞動者生存上的必要生活物資，以社會的必要勞動時間六小時可以生產出來，這六小時的勞動時間，恰好體現為貨幣上的三元。那麼，資本家就照著原樣的價值購入了勞動力。換言之，對於勞動者每日支付三元作為一日勞動的代價。

　　又假定這個資本家是經營綿紗紡織業的。那麼，他先要購入必要的棉花與紡錘（為說明的簡單起見，假定勞動工具只由紡錘而成）。假定一斤棉花中所含的社會必要勞動時間是二小時，那麼，其貨幣價值即是一元。更假定由一斤棉花作成一斤棉紗，而每紡一百斤棉花要消磨一個紡錘，由是紡一斤棉花就要消磨百分之一的紡錘。每一個紡錘的價值，作為二十勞動時間即十元，每一勞動時間作為能紡棉花二斤，由是六小時就可以紡十二斤。那麼，在這種假定之下所生產的棉紗，每一斤之中，含有若干價值呢？

　　讓我們先來看看其生產中所消費的棉花與紡錘的價值。原來生產裝置的價值，是毫無增減照原樣轉移到生產物上去的。棉花與紡錘的使用價值，雖然變成了棉紗，這種相異的生產物，但其價值仍然和原來一樣，並未變化。如果將製成棉紗為止的各種勞

2　以下的數字，不待言，是為說明的方便計所隨意假定的。像這樣的說明法，在一切的研究上，都是通行的。但考茨基說，有許多批評馬克思《資本論》的學者，將馬克思的這種譬喻，當成事實列舉出來，不免太誤解或曲解馬克思的原意了。在日本，也許有這種批評家，不過，這種數字，原來是將剩餘價值成立的一般法則具體地表示出來而假定的，至於是否在實際上和某國的事實相合，這是可以置之不問的。

動過程，當作同一的勞動過程的連續部分來看，就明白這種事情了。譬如：紡織業者，同時又是棉花栽培業者，棉花收穫後，即刻就著手紡織。於是，綿紗便是棉花栽培勞動和紡織勞動的結果；而其價值，便由生產棉花及紡織棉花所需的社會必要勞動時間來決定。棉紗生產上所必要的各種過程，在以上用同一個人之計算來經營的場合，固然不待言；就是屬於相異的個人來經營的場合，只要其他的事情沒有變化，其生產物的價值，和同一個人經營的沒有兩樣。總而言之，經過加工的棉花的價值，是照著原樣再現於棉紗的價值之中的。關於紡錘的價值，也可以說是一樣。

然而在棉紗的價值中，不僅包含如上所述由棉花及紡錘轉移來的價值，並且還包含由紡織勞動所加於棉花之上的價值，譬如：一勞動時間紡二斤棉花，而一元大洋裡面包含二勞動時間，那麼，一勞動時間就等於二分之一元的的價值。

於是，一斤棉紗的價值，結果如下：

$$棉花1斤（＝1元）＋ 紡錘\frac{1}{100}個（＝\frac{1}{10}元）＋$$

$$\frac{1}{2}勞動時間（＝\frac{1}{4}元）＝1元＋\frac{1}{10}元＋\frac{1}{4}元＝1.35元$$

如果根據以上的假定，因一小時能紡二斤，則六小時的棉花生產額就有十二斤，而其價值便相當於十六元二角。然而資本家為生產這些棉紗，費了多少本錢呢？棉花十二斤（即十二元）紡錘百分之十二個（即一元二角），勞動六小時（即三元），合計也費了十六元二角，和所生產的棉紗的價值一樣。如此說來，特意僱了勞動者來勞動的這件事，便成了完全無益的舉動、完全沒

有意思的舉動了。爲什麼呢？因爲資本家所購入的勞動力，並未造出什麼剩餘價值。

然而資本家絕不就此罷休。他是一整天將勞動力的價值購買了。他對於這一整天的勞動力，已經確實付過了價值。由是，他應該有充分利用這一整天的勞動的使用價值的權利。他會對勞動者這樣說嗎？「你的勞動力，我是用相當於六小時的全額買來的，你只要工作了六小時便可以回去。」不，絕不，他一定這樣說：「你的勞動力。我是一整天買來的。你的一整天的勞動力都是我的東西。再勞動一下子，盡你的力量勞動！一刻工夫都不准無益耗費！不是你的時間，是我的時間！」這樣說來，資本家並不是只叫勞動者工作六小時，恐怕要叫他工作十二小時了。

如此，假定叫他工作十二小時，等到一天的工作完畢後再來計算。那麼，他現在就有了二十四斤棉紗。其價值爲三十二元四角。而資本家所費的，即只有棉花二十四斤（即二十四元），紡錘百分之二十四個（即二元四角），勞動力三元，合計二十九圓四角。結果，他賺著了 $32.4 - 29.4 = 3$ 元。這三元便是他所得的剩餘價值。

這樣一來，問題的一切條件便解決了。他說這種剩餘價值，是正當賺來的。他沒有因得著剩餘價值而破壞商品交換的原則。無論是對於棉花、紡錘，或勞動力，都是照著價值買來的，並且照著價值付過代價。只是他沒有將這些商品當作享樂物資消費，而是當作生產裝置消費的。他將購入的勞動力之使用價值消費到了一定的界限以上。他之所以得著剩餘價值，不外就是這種結果。

(六)價值形成過程與價值增殖過程的關係

在商品生產制度之下，生產過程常常即是價值形成過程——價值生產過程。生產過程，無論是用生產者本人的勞動力來經營的或是用從別人買來的勞動力來經營的，總是一樣。不過，生產過程如果超過了一定的時點，則價值生產過程便產出剩餘價值而成為價值增殖過程了。要產出剩餘價值的時候，就非將為生產而買入的勞動力在生產過程的使用延長到收回勞動力的價值的一點上不可。

無論是自己耕自己的田的農夫，或是用自己的計算來經營自己之工作的手工業者，他們都可用超過收回其消費的生活物資的必要時間而勞動的。因此，他們也可以造出剩餘價值，而他們的勞動，也可以成為價值增殖過程。可是，這種價值增殖過程，到了用從別人買入的勞動力來經營的時候，才成為資本制生產過程。資本制生產過程這個東西，性質上，從最初開始就必然有意是價值增殖過程了。

第二節　不變資本及可變資本

(一)勞動的價值創造性與價值轉移性

在商品生產過程中的勞動，有兩種任務。

無論勞動的內容、目的及技術的性質如何，勞動者是由於附加一定量的勞動而在勞動對象上附加以新的價值。另一方面，我們將所消費的各種生產裝置的價值，當作其生產物的價值的組成

分子，例如：將棉花及紡錘的價值，在棉紗價值之中，再體現出來。如此，生產裝置的價值，由於轉移到生產物上而保存著。換言之，在勞動中，存在著價值創造與價值轉移的二重性。

而這種事實，只有由勞動的二重性才能說明。換言之，勞動這件事，一方面當作生產價值的一般人體勞動而創造並附加新的價值，另方面當作生產使用價值的特殊形態之有用勞動而將生產裝置的價值轉移並保留於生產物的價值上。例如：紡織工，在所謂紡織勞動這種特殊的有用勞動方面，可以將棉花及紡錘的轉移於棉紗上。但另方面，他又支出其抽象的一般性質之人體勞動力而附加新的價值於生產物上。這件事，並不是因為其勞動有一種特殊有用的內容，而是因為其勞動有一定的時間延續，所以才能附加一定大小的價值。

總而言之，勞動這件事，當作價值形成勞動，便創造並附加新價值，當作使用價值形成勞動，便轉移並保存舊價值——生產裝置的價值。

(二)勞動的二重性與生產力的增減

當作價值創造勞動及價值轉移勞動的勞動二重性，只要看看勞動生產力的變化對於價值創造及價值轉移的影響如何，便可以清楚理解。[3]

勞動生產力雖然有增減，只要其他的事情沒有變化，一定時間內所生產的價值的份量，是毫無增減的。反之，一定時間內所生產的使用價值的份量，則隨著勞動生產力的增減而增減。換言

3 關於勞動生產力，請參照第一篇第一章第二節第五項「勞動時間與生產力」。

之，勞動的價值轉移力，是和勞動生產力的增減同一比例增減的。

例如：某種發明的結果，紡織勞動的生產力比從前增加了一倍，但棉花栽培勞動的生產力則仍然和從前一樣。那麼，據前節的例子，一斤棉花包合二勞動時間，其價值為一元。從前一小時可以紡二斤棉花，現在增加了一倍，可以紡四斤棉花。從前由一小時的勞動所加於二斤棉花上的新價值五角，現在因紡織勞動的生產力增加了一倍的結果，而附加到四斤棉花上去了。換言之，縱然勞動生產力增加了一倍，但社會必要勞動一小時仍然還是一小時，因之，新造出的價值量也仍然和從前一樣。可是，由紡織勞動所轉移於棉紗上的價值量，則和生產力同時增加了一倍，由二元而成四元了。

根據以上的事實，我們便可以知道，勞動的價值創造附加性和價值轉移保存性在本質上是不相同的。根據這種事實，我們更可以知道，勞動的價值創造力和價值轉存力，是完全以不同的性質為基礎的──前者以勞動的價值形成性為基礎，後者以勞動的使用價值形成性為基礎。

(三)勞動的價值轉移與生產裝置

勞動的價值轉移作用，對於生產裝置，是何等重要呢？世間上的一切東西，大概都會蝕毀的。生產裝置，縱然不去使用它，也是遲早不免於蝕毀。不僅如此，有些生產裝置，例如：各種機械，如果不去運轉它，它反倒蝕毀得快些。生產裝置的使用價值和價值，是同時蝕毀的。不過，假使是在生產過程中蝕毀的，則其價值仍然會再現於生產物的價值中；反之，如果不是在生產過

程中使用而蝕毀的，那麼，其價值就永遠不復回了。

　　雖然資本家在平常不大注意這價值轉移方面，可是如果因恐慌來襲的結果，不得不中止生產過程的時候，他們便痛切走到這一層了。據馬克思所舉的例：一八六二年，英國某棉紗紡織業者，預計因棉花恐慌而發生的一年營業休止費為十二萬馬克，而其中有二萬四千馬克，完全是以機械的破損為基礎。

　　生產裝置的價值，前面已經說過，是再現於生產物上的，可是這種價值轉移的樣式，則因生產裝置之異而異。某種生產裝置。在一次勞動過程中，便失去了其獨立的形態。如原料及輔助材即是。別種生產裝置，在一次勞動過程中，尚能維持著其獨立的形態。照以前所舉的例來說，則所紡的棉花失去其形態，而紡的紡錘維持著其形態。前者每次在生產過程中，將其價值的全部轉移到生產物上，而後者只不過轉移其一部分而已。例如：此處有一部價值一千元的機械，在順當的運轉之下，可以消磨一千日，那麼，每一勞動日就應該有一元的價值轉移於用這部機械每一勞動日所造成的生產物上。

　　在這裡，也可以看出生產過程的二重性。到底機械是怎樣將其價值的千分之一轉移於一定的生產物上呢？造出生產物的，是機械的千分之一而不是其全部？關於這種議論，已經作為實際問題提出來了。我們的答覆是：不錯，如當作勞動過程（使用價值形成過程）的生產過程來看，則機械是暫時以全部去參與的；反之，如果當作價值增殖過程的生產過程來看，則不過以相當的一部分去參與而已。當作使用價值的機械，以全部參與各生產過程，當作價值的機械，則不過取一部分參與而已。

　　反之也有這樣的場合，雖然生產裝置的全部價值轉移於生產

物上，但其現存物體卻只能轉移一部。例如：爲製造百斤棉紗，在順當的狀態之下，必須有一百五十斤棉花。換言之，即是生出五十斤花屑。在這種場合，雖然是一百斤棉花轉移於一百斤棉紗，但在這一百斤棉紗的價值中，則轉移得有一百五十斤棉花的價值在內。

(四)不變資本及可變資本

生產裝置，將在勞動過程（一次生產過程）中所喪失的價值，仍然在同過程的進行中轉移到其所生產的生產物上。無論生產裝置的使用價值如何大，總不能將超過自己所有的價值轉移到生產物上。因之，庸俗的經濟學者們，想從生產裝置的使用價值即其效用來說明「剩餘價值」及其所轉化的各種形態（利潤，利息，地租），是完全無根據的。在生產過程中所消費的生產裝置的價值，是照原樣再現於生產物的價值之中的。

然而勞動這件事，不單是轉移價值，並且還創造新的價值。這種創造新價值的勞動。在一定的時點內，只不過收回資本家爲購買勞動力所支出的價值而已。可是，一旦超過了這一定的時點，便造出過剩的價值，即剩餘價值。

於是馬克思這樣說：

轉化於生產裝置——即原料，輔助材，勞動工具等的資本部分，在生產過程中，不變更其價值量。因此我將它叫做不變的資本部分，更簡單些，便叫做不變資本。

反之，轉化於勞動力的資本部分，在生產過程中，變更其價值。即是它在生產過程中，一方面生產和自己相等的價值，另方面更生產一種過剩的價值，即剩餘價值。剩餘價值的本身是可行

變化的，既可以大也可以小。這一資本部分，不絕地由不變量變化到可變量。因此我將它叫做可變的資本部分，或更簡單些，便叫做可變資本。

如果從勞動過程的立場上來看，可以分為客觀的要素及主觀的要素，即生產裝置與勞動力的這兩種資本部分，從價值增殖過程的立場上看來，便分為不變資本與可變資本。

要之，投於生產裝置的資本是不變資本，投於勞動力的資本是可變資本。在馬克思經濟學中，這兩種概念是很重要的。

(五)不變資本與價值變化

不變資本，在其生產過程中，絕不能變更其價值。轉化於生產裝置的不變資本五百元，仍然照原樣地經過生產過程而轉移五百元到新的生產物上。然而不變資本，也有因其生產過程的外部所發生的原因而變更其原來價值的場合。

例如：一斤棉花以前值一元，但現在因棉花欠收的結果，騰貴到二元了。那麼，已經到了生產過程中而加工的棉花，雖然本來是用一元買來的，但現在卻將二元的價值轉移到生產物上去了。同樣，已經紡成棉紗而在市場上流通著的棉花的價值部分，也將其原來價值的一倍附加到生產物上。這種價值的變化，並不是從生產過程的內部發生出來的，而是以生產過程的外部所發生的原因為基礎的。換言之，這種價值的變化，是從生產棉花的過程中發生的，而不是從棉花為生產裝置或不變資本的工作過程（棉紗的生產過程）中發生的。即是棉花一元，在這種場合，便當作已有二元價值的東西而在棉紗生產過程中作用著。蓋一商品的價值，是被其生產上所要的社會必要勞動時間決定的，而其社

會的必要勞動量，又時常被其當時現存社會的各種條件下所必要的勞動量來測定的，所以在這個場合，表示一斤棉花的社會必要勞動量，便由一元而變成二元了。

如此，不變資本也有因其生產過程的外部所發生的原因而變更其原來價值的場合。但是「這絕不能轉移離開生產過程而擁有更多的價值」。因之，不變資本的概念，並不因之稍受損害。

第三節　剩餘價值率

(一)可變資本與價值創造

我們在前節中已經得知了不變資本及可變資本的明確概念，現在更進而要來考究這兩種資本，尤其可變資本，和剩餘價值的關係。

假定這裡有五千元的資本，其中為購買生產裝置而支出四千一百元，為購買勞動力而支出所剩下的九百元。即前者為不變資本，後者為可變資本。而這四千一百元的不變資本又分為二種：一種是在每次的生產過程中，將其價值的全部轉移於生產物的，如原料，輔助材等即是；其他一種是在每次的生產過程中僅將其價值的一部再現於生產物上的，如機械及其他的東西等是。然而我們在以下的說明中，是將不變資本的這種差異置之度外的。因為顧慮到這種差異，徒使說明複雜而已，在結果上，並沒有什麼不同。所以在這裡便假定每次生產過程中單純使用的總資本的價值都是轉移到生產物上的。

資本家購入生產裝置及勞動力來使用，於是在每次生產過程

終結的時候，除開前述的資本之外，還可以生出一定的剩餘價值。現在假定這剩餘價值為九百元，那麼，資本家便獲得了不變資本4,100元＋可變資本900元＋剩餘價值900元＝5,900元價值的生產物。其中四千一百元是轉移的價值，一千八百元是新造出的價值。

　　本來不變資本的價值大小，在產出剩餘價值的大小上並沒有什麼影響。不待言，沒有生產裝置，便不能生產。生產所需的時間愈長，則所要的生產裝置愈多。因之，生產一定量的剩餘價值，就必要一定量的生產裝置（這是被勞動過程的技術性質所左右的）。可是，生產裝置的價值大小，在產出剩餘價值的大小上，並沒有什麼影響。

　　現在假定我僱用三百個勞動者，他們每人每日勞動力的價值為三元。而每人每日所造出的價值為六元，那麼，不問他們所使用的生產裝置的價值是二千元或四千元或八千元，這三百人每日所造出的生產物的價值是一千八百元，其中九百元，即是剩餘價值。生產過程中的價值創造或價值變化，並不受前述不變資本的大小的影響。因之，要從純粹的形態去研究這兩種過程，可以將不變資本這個東西置於度外而不去管它。

(二)剩餘價值率（勞動力的搾取程度）

　　這樣說來，前述資本中，現在成為我們的問題的，就只有可變資本了。而生產物的價值中，和我們的研究有關係的，也只有由勞動新造出的價值，即可變資本＋剩餘價值。據前例，剩餘價值對於可變資本的比率為900元，即百分之百。

　　可變資本的這種價值增殖的比例，即剩餘價值對於可變資本

的比例，我們將它叫做「剩餘價值率」。**4**

　　勞動者要想產出相當於其勞動力的價值，即相當於可變資本的價值，則他就必須在一勞動日中作一定時間的勞動。據前例，假定爲六小時。這種勞動時間，是勞動者維持生活所必要的時間，所以馬克思就將它叫做「必要勞動時間」，而在這種必要勞動時間中所支出的勞動量，便叫做「必要勞動」。

　　然而勞動者，超過這種必要勞動時間而爲資本家勞動，便造出剩餘價值。造出可以歸資本家所有的剩餘價值的勞動時間，馬克思將它叫做「剩餘勞動時間」，而在這種剩餘勞動時間中所支出的勞動量，便叫做「剩餘勞動」。

　　剩餘勞動對於必要勞動的比率，即是剩餘價值對於可變資本的比率。剩餘價值率，一般地可以用

$$\frac{剩餘價值}{可變資本} \quad 或 \quad \frac{剩餘勞動}{必要勞動}$$

的公式表示出來。

　　資本家，由於將勞動者的勞動力在生產過程中消費，而從勞動者奪來剩餘價值率的全部。「剩餘價值率，是資本對於勞動力的搾取程度，或資本家對於勞動者的搾取程度之正確表示物。」

(三)資本主義學者的欺瞞論法

　　剩餘價值，又可以由一定量的生產物表示出來，馬克思將它

4　這種剩餘價值率動輒和利潤率混同，然而兩者絕不是同一的東西。關於這個問題，在本書第五篇中（相當於《資本論》第三卷），會再說明的，總之，利潤是剩餘價值的派生形態而不是剩餘價值的自身。

叫做「剩餘生產物」。因之，剩餘價值對於可變資本的比率，也可以用生產物的一定部分之相互比例來表現。可是，因爲在這種比例的研究上，早已不是以新造出的價值爲問題，而是具體的完成生產物（例如：棉紗）爲問題，所以我們不能和從前一樣，將不變資本置之度外。爲什麼呢？因爲在各個完成生產物的價值中，兩種資本的價值是相並、嚴密關係著的緣故。在這裡，便存在著資本主義學者的欺瞞論法可以竄入的危險餘地。以下我們且就這個問題研究一下。

　　假定一個勞動者，以十二小時的勞動，生產二十斤棉紗，其價值爲三十元；又假定原料棉花爲二十元（單價一元合計二十斤），紡錘及其他物品的價值磨損額爲四元，勞動力的價值爲三元。剩餘價值率爲百分之百。這樣一來，三十元的棉紗價值，便成了二十四元的不變資本，三元的可變資本，三元的剩餘價值，因爲棉紗價值是成了二十斤棉紗而存在著的，所以不變資本便可以由十六斤棉紗表現出來，可變資本及剩餘價值可以各由二斤棉紗表現出來。

　　然而因爲二十斤棉紗是十二小時內生產出來的，所以一小時應該生產一又三分之二斤的棉紗。於是，表現著不變資本的十六斤棉紗就要九小時三十六分鐘去生產，表現著可變資本及剩餘價值的各二斤棉紗便各要一小時十二分鐘去生產了。

　　照這樣計算起來，就好像剩餘價值不是如先前所假定的六小時生產出來的，而是一小時十二分鐘生產出來的。實際上，工場主人們是這樣計算著的。他們以及他們的學者們便假裝正經地這樣論證著──造出來的。那麼，如果將勞動時間縮短一小時，則

他們就會得不著利潤，而產業也就會破產了。**5**

(四)最終勞動時間說的迷論

　　原來這種最終勞動時間說，是以使用價值與價值的混同為基礎的。所謂二斤棉紗的這種使用價值，固然是最終勞動時間造出來的，但其價值絕不是這樣。二斤棉紗，絕不是從「無」中生出來的。在這二斤棉紗之中，不僅包含一小時十二分的紡織勞動，並且還包含原料棉花二斤在內，據以前的假定，則這原料棉花二斤之中，體現著四勞動時間（棉花1斤 = 1元 = 2勞動時間）。此外，還轉移得有紡錘及其他的四十八分鐘的勞動時間（紡錘及其他的磨損額 = 4元 = 8勞動時間 = 480分勞動時間。$480\frac{12}{120} = 48$ 分）。換言之，在以一小時十二分的紡織勞動所生產的二斤棉紗之內，實際上包含著六小時的社會必要勞動即4勞動時間（棉花）+ $\frac{48}{60}$ 時間（紡錘及其他）+ $1\frac{12}{60}$ 時間（紡錘勞動）= 6勞動時間。總而言之，所謂棉紗二斤的這種使用價值 —— 嚴格說來，由二斤棉花轉化到二斤棉紗的使用價值 —— 固然可以用最終勞動時間一小時十二分造出來，但棉紗二斤的價值，則是六小時勞動的結果。然而據工場主人們的計算，當作價值的二斤棉紗，也是最終一小時十二分的紡織勞動造出來的。一小時十二分生出

---

5 這種論法，在英德奧各國，為擁護資本家之故，曾盛行一時。然而根據以後的事實，毫無遺憾證明了這種議論的虛偽。即是勞動時間，雖然以法律縮短了，但工場主人們所得的利潤，並不因之減少，而產業也不待言並未破產。可是日本今日還有這種議論橫行著，未免太滑稽了。為什麼？因為這好像白天裡提著燈籠滿街走的樣子，如我們在接下的次項中所論證的。

相當於六小時勞動的價值，那麼，十二小時的勞動就生出相當於六十小時勞動的價值來了！從無中生出有的來，從小事惹起了大事！工場主人們及其學者們，竟弄出這樣無理又稀奇古怪的計算來了。

這種議論，就是在今日，各方面還有不少的認同，所以尚有進一步論究的必要。假定將十二小時勞動縮短爲十一小時，在前述的條件之下，剩餘價值率應該是多少呢？[6]

不變資本，從前是二十四元，現在減而爲二十二元。爲什麼？因爲勞動時間縮短的結果，生產裝置的消費也各減少了十二分之一，就變成棉花$18\frac{1}{3}$元（$18\frac{1}{3}$斤）＋ 紡錘及其他磨損額$3\frac{2}{3}$元 ＝ 22元之故。可變資本爲三元（工資和以前一樣），剩餘價值爲二元五角。於是，剩餘價值率，早已不是以前的百分之百，而減爲百分之八十三又三分之一了。

如果用生產物來計算的時侯，棉花生產物全部爲十八又三分之一斤（其價值爲二十七元五角），其中不變資本體現爲十四又三分之二斤，可變資本體現爲二斤，剩餘價值體現爲一又三分之二斤，而這十四又三分之二斤，是用八小時四十八分造出來的，二斤是用一小時十二分造出來的，相當於剩餘價值的一又三分之二斤是用一小時造出來的。那麼，將勞動時間縮短一小時的結

---

6 在這裡，假定將十二小時勞動縮短爲十一小時的結果，勞動量也只減少了十二分之一。然而在實際上並不是這樣。勞動時間的縮短，往往伴隨著勞動者精力、熟練耐久力、注意力、智力等的增大；約言之，即勞動效能的增進。而這種效能的增進，在縮短了的勞動時間內，往往能夠造出較在以前的長時間內更多的生產物。然而關於勞動時間縮短的這一方面，暫時在這裡沒有關係。我們爲使說明單純計，只好暫時置之度外。

果，體現剩餘價值的剩餘生產物的生產上所要的勞動時間，只減少了十二分。要之，工場主人們及其學者們的計算，認定十二小時勞動縮短爲十一小時勞動的結果，生產物便減少了十二分之一，而另方面又以爲原料及其他的生產裝置仍然和從前一樣的消費，像這樣計算的人，眞是再愚笨也沒有了。

第四節　絕對剩餘價值的生產

(一)絕對的剩餘價值

我們在前節中已經論及了必要勞動時間與剩餘勞動時間。這種必要勞動時間和剩餘勞動時間合而形成勞動日。換言之，勞動日是由必要勞動時間與剩餘勞動時間組成的。

在一定的狀態之下，（假定勞動生產力的程度及勞動階級的慾望等是一定的）。必要勞動時間有一定的大小。在以前，我們已經將它假定爲六小時。無論在什麼生產方法之下，勞動日不能較小於必要勞動時間。因爲勞動日較小於必要勞動時間，即維持生活所必要的勞動時間這件事，即是餓死的意思。在以生產剩餘價值爲目的的資本主義生產方法之下，勞動日非大於必要勞動時間不可。勞動日超過了必要勞動時間點，剩餘價值才有生產的可能。

這樣由於延長勞動日到必要勞動時間以上而生產的剩餘價值，我們就將它叫做「絕對的剩餘價值」，而和以後所說的「從必要勞動的縮短及與此相應的勞動日兩部分相對量之變化而生的相對的剩餘價值」有所區別。

絕對的剩餘價值，相比於勞動日的延長而增大。換言之，勞動日愈長，由是剩餘勞動時間愈長，只要其他的狀態沒有變化，剩餘價值率也就因之愈大。現在採用勞動日八小時、十小時、十二小時的三種例證，以圖解之如下：

(1)　| 1 | 2 | 3 | 4 | 5 | 6 | 7 | 8 |
　　A　　　　　　　　　B　　　C

(2)　| 1 | 2 | 3 | 4 | 5 | 6 | 7 | 8 | 9 | 10 |
　　A　　　　　　　　　B　　　　　　C

(3)　| 1 | 2 | 3 | 4 | 5 | 6 | 7 | 8 | 9 | 10 | 11 | 12 |
　　A　　　　　　　　　B　　　　　　　　　C

剩餘價值率，在(1)例中為 $\dfrac{剩餘勞動時間}{必要勞動時間} = \dfrac{2}{6}$ 即百分之三十三強，在(2)例中為 $\dfrac{剩餘勞動時間}{必要勞動時間} = \dfrac{4}{6}$ 即百分之六十六強，在(3)例中為 $\dfrac{剩餘勞動時間}{必要勞動時間} = \dfrac{6}{6}$ 即百分之百。這樣，必要勞動時間為一定的時候，隨著勞動日的延長，剩餘勞動時間也延長，因之其剩餘價值率也增大。

(二)勞動日的界限

資本家，是儘量地延長勞動日的。如果可能的話，他是想使勞動者繼續勞動一晝夜（即二十四小時）的。

然這乃是資本家遺憾的地方，一時或者可取，連續過久到底

不可能。雖然是勞動者，但沒有休息、睡眠、進食等的時間也就不能生存。如果他們沒有適當的時間去做這些事，他們就不能充分生產明日的勞動力。並且雖然是勞動者，但也必須交際娛樂修養等的時間（其大小由國家的文明狀態而定）。於是勞動日的延長，便有了一定的界限。

馬克思將基於休息、睡眠、進食等的界限，叫做「物理的界限」，基於交際娛樂修養等的界限，叫做「道德的界限」。他說：「勞動日有一種最大的界限，它不能延長到一定的界限以上。這種最大的界限，是被兩種事情決定的。第一是由於勞動力的物理的界限。」「除物理的界限外，勞動日的延長，又有道德的界限」。

(三)資本家的正義與勞動者的正義

資本家要儘量地延長勞動日，同時要利用勞動力。它在勞動時間內沒有一分鐘的虛耗。資本家是將勞動者的勞動用了那一日的價值買來的。因之一勞動日的使用價值，是資本家的東西！勞動力是不能和勞動者分開的，由是在勞動力的使用價值屬於資本家的全時間內，勞動者的人格也是資本家的東西。資本家要儘量延長並且儘量使其不虛耗地利用勞動力。勞動者在其勞動時間中為自己的事務而利用其時間這件事，在資本家看來，是對於他的資本的侵害，也就是勞動時間的縮短。資本家是要用一切方法去阻止這種侵害（即縮短）的。[7]

---

7 於是發生了這種似假話的真話：英國某鑛石山，因為其坑道發火過早，有一個鑛工被吹到空中去了。但不料仍安然無事地跌下來。後來到了支付工資的時

　　因爲勞動者和其勞動力是接合得不可分離的，所以勞動力的消費，即是勞動者的痛苦。然勞動者已將勞動力賣給了資本家。如果他要免去一點痛苦，除了縮短其勞動時間外，別無他法。在生產過程的進行中，勞動者不過是資本的一部分。在資本制生產方法之下，勞動者要在停止其勞動的時候，才能算得是一個人。總之，固然勞動者已將其勞動力照著價值賣給資本家了。但這種商品（勞動力）和其他的一般商品不同。這種商品（勞動力），在其生產的消費中，能夠超過其原有價值而生產；換言之，能夠生產剩餘價值。從資本家看來，這種剩餘價值，是他的正當賺頭，但從勞動者看來，則是「勞動力的多餘支出」。勞動者以爲只要生產了資本家已付的價值就夠了，因此，他就要儘量地縮短其勞動時間。

　　如此，資本家的正義和勞動者的正義便互相衝突著。

(四)殺人慣犯的資本家

　　如果資本家照著價值買來了一日的勞動力，則當然屬於資本家的，只有一日分的勞動力的使用價值，而資本家也只能每日在不妨害勞動者恢復勞動力的時間內利用之。例如：我們買了一棵樹上所生的果實，縱然自己要賺點錢，但也要替對方想想，所以

候，雇主竟將這個鑛工飛在空中的時間，作爲是沒有勞動的時間，而在他的工資中，將這個時間的工資扣除了。

又如美國紐約州枯羅頓鑿溝工事中也發生了同樣的笑話；在這個工事中，當穿過某山的時候，隧道的火坑起火後生出了有毒瓦斯，鑛工等因此昏迷不省人事，有好幾分鐘沒有工作。於是雇主也在他們的工資中，將其不省人事、沒有工作的時間所應得的工資扣除了。

不能因摘其果實而傷其樹枝。否則是會違犯契約的。爲什麼？因爲到了明年，那一棵樹不能照從前一樣結那些果實了。資本家過度地使勞動者長時間勞動這件事，正和此一樣，因爲使勞動者過度勞動，即是犧牲勞動者的勞動效能及壽命。如果因爲這種過度勞動，勞動者的勞動效能的延續期間由四十年縮短爲二十年，即是資本家平均將二日分的使用價值利用於一日了。換言之，資本家對於勞動者只支付一日分的勞動力的代價，而實際上卻利用了他二日分的勞動力。

資本家總是獎勵勞動者節儉，教他們不要糊塗，要懂道理。但資本家自己卻強制濫耗勞動者擁有的唯一東西（勞動力），而縮短勞動者的生命。這就是資本家階級的道德。這種道德，在資本主義生產之下，到處通行著。

(五)制定標準勞動時間的鬥爭

我們在這裡所說的資本家，並不是個人的資本家，而是資本制生產方法之代表者的資本家——不問他是爲個人的貪慾或是爲競爭上不得已的事情，只要照著資本制生產方法從事的資本家即是。

我們在這資本家階級與勞動者階級之間，看出了其利益的對立。資本家階級要儘量地延長勞動時間；反之，勞動階級要儘量地縮短勞動時間。結果就成了兩者的鬥爭，而出現於我們的眼前。但這種鬥爭，數世紀以前就已經發生了，很有重要的歷史意義。在這種鬥爭中，勞動者認定其利害是互相一致的。這種鬥爭，實在是確立勞動者的階級意識的主要原動力，勞動運動之所以能當作一個政治運動而發展，完全是受這種鬥爭之賜。至於這

種鬥爭的實際效果，最重要的是用國家的權力以調節勞動時間；換言之，即制定標準勞動時間。現在世界各國尚在努力於這種標準勞動時間的制定。[8]

這種標準準勞動時間制定的鬥爭，發展得最早而且最根本的，當然是近代產業之本的英國。英國的工場勞動者，不僅是英國勞動者階級的選手，而且實在是近代勞動者階級全體的選手。同時，對於資本的學說最初挑戰的，也仍然是他們的學者。所以馬克思在《資本論》中曾費了許多頁數去論述英國的這種鬥爭史。

關於絕對剩餘價值生產的研究，大體已如上述。我們現在必須更進一步去研究相對剩餘價值的生產。

---

8 成爲今日世界勞動者之標語的勞動時間，大體是「八小時制」，這是眾所周知的。所謂「五一節」，即是起源於美國的勞動者在很激烈的鬥爭後獲得「八小時制」的這件事。

② 相對剩餘價值的生產

第一節　相對剩餘價值的生產

(一)相對的剩餘價值

　　如果必要勞動時間——即收回爲購買勞動力這種商品而支出的資本價值所必要的勞動時間——一定，則剩餘價值只能由於延長勞動日而增大。例如：一日的必要勞動時間是六小時而且是不變的（這要在一定的生產條件之下才可能），那麼，只有延長勞動日才能增大剩餘價值率。關於這種事情，我們在前章中已經知道了。

　　但是，勞動日這個東西，有一定的界限。資本家要延長勞動日這件事，第一在所謂勞動者的衰弱這一點上，受著自然的限制；其次，在所謂勞動者要求做人的自由活動這一點上，受著道德的限制；最後，在國家因各種必要而限制勞動日的事實中，又受著政治的限制。

　　於是，假定勞動日已經達到了不能再延長的界限，而這個界限爲十二小時，又假定必要勞動時間爲六小時，剩餘價值率爲百分之百。

　　在這個場合，要怎樣才能增大剩餘價值率呢？這是很簡單的。只要將六小時的必要勞動時間縮短爲四小時便得了。這樣一來，剩餘勞動時間自然由六小時延長到八小時了。雖然勞動日和從前一樣爲十二小時，但其組成的部分必要勞動時間與剩餘勞動時間的比率已不同了。由是，剩餘價值率也就不同。即是，因十二小時勞動日中的必要勞動時間由六小時減縮爲四小時的結果，剩餘價值率也增加了一倍，從百分之百增至百分之二百。現在將這種過程以圖表之如下：

(1)　　　必要勞動時間　　　　剩餘勞動時間

| 1 | 2 | 3 | 4 | 5 | 6 | 7 | 8 | 9 | 10 | 11 | 12 |

　A　　　　　　　　　　　B　　　　　　　　　　　C

(2)　　必要勞動時間　　　　剩餘勞動時間

| 1 | 2 | 3 | 4 | 5 | 6 | 7 | 8 | 9 | 10 | 11 | 12 |

　A　　　　　　B　　　　　　　　　　　　　　　C

剩餘價值率，在(1)項內爲 $\dfrac{剩餘勞動時間}{必要勞動時間} = \dfrac{6}{6} = 1$ 即百分之百，在(2)項內爲 $\dfrac{剩餘勞動時間}{必要勞動時間} = \dfrac{8}{4} = 2$ 即百分之二百。

　　總之，剩餘價值這個東西，不僅可以用絕對延長勞動日的方法而獲得，並且也可以用縮短必要勞動時間的方法而獲得。

　　馬克思將由於延長勞動日而生的剩餘價值，叫做「絕對」的「剩餘價值」，由於縮短必要勞動時間及與此相應的勞動日兩部分大小比例之變化而得著的剩餘價值，叫做「相對的剩餘價值」。

以下我們來考察以縮短必要勞動時間而生產相對的剩餘價值所影響的各種事情。

(二)由於減少工資而生產的

將資本家用縮短必要勞動時間的方法以增大剩餘價值的努力最赤裸裸表現出來的，即是他們減少工資這件事。本來勞動力的價值，在一定的條件之下，有一定的大小，所以資本家用減少工資的方法以增大剩餘價值的這種努力，結果不外就是將勞動力的價格減少到其價值以下這件事。在實際上，這是一件很重要的事情，然而我們現在無暇來討論。因為我們所要研究的是經濟運行的根本而非外部的現象形態之故。

因此我們目前，必須從一切都是順當進行的這種假定出發。換言之，我們的觀察，必須認定價格和價值是一致的，即當作勞動力的代價而支付的工資，的確是和勞動力的價值一致的。是故工資是如何能夠減少到勞動力的價值以下的？及由於減少工資而產生的結果是怎樣的？在這裡，我們都沒有研究的必要。我們在這裡所要研究的，乃勞動力的價值是怎樣縮短的這個問題。

總而言之，固然資本家用減少勞動工資到勞動力的價值以下的方法，相對地從勞動者搾取來更多的剩餘價值，但這要破壞等價與等價交換的交換，則才有可能，所以不能說這是正常的相對剩餘價值的生產。由是，我們將它放在問題之外，不去研究。

(三)由於增進勞動生產力而生產的

然則勞動力的價值要怎樣才能正當縮小呢？相對的剩餘價值，要怎樣才能正當生產呢？

　　在一定的狀態之下，勞動者有一定的慾望。他必定要有維持自己及一家生活的一定量的使用價值。這種使用價值即是商品，而這種商品的價值是被其生產上的社會必要勞動時間決定的。以上是我們已經知道的，沒有再加說明的必要。

　　假定上面所說的使用對象（即勞動者及其家族生活上必要的商品）之生產上的社會必要平均勞動時間減少，則這種使用對象（生產物）的價值也要減少，由是勞動者的勞動力價值也要減少，而這種價值的再生產上所必要的勞動部分即必要勞動時間也要減少。而且勞動者的通常慾望，並不因此受限制。換言之，勞動生產力增進的時候，勞動力的價值也就會減低。

　　然而這種事情，要在一定的狀態之下才可能。換言之，要在勞動生產力增進，從而勞動者的通常生活必需品的生產上所必要的勞動時間縮短之場合或範圍內才有可能。在勞動者不作興打赤足要穿靴子走路之場合，如果製造一雙靴子所必要的勞動時間，因某種事情，例如：特殊機械的發明，從十二小時減少到六小時，那麼，勞動力的價值也就會減低。然而如磨金鋼石及製造花邊等的勞動生產力，縱然增進了二倍，但對於勞動力的價值並無影響。

(四)勞動生產力的增進與資本制生產方法

　　勞動生產力的增進這件事，只有由於生產方法的進化才可能；換言之，只有改善勞動工具及勞動方法才可能。是故相對剩餘價值的生產，是以勞動工具及勞動方法的改善或革命為條件。

　　然勞動工具及勞動方法的這種革命（即生產方法的這種革命與完成），是對於資本主義生產方法的必然的條件。固然各個資

本家並沒有意識到他愈廉價生產則勞動力的價值愈賤，因此只要他的事情沒有變化，則剩餘價值則愈大。可是他在競爭上非持續重新改善生產過程不可。因為要戰勝競爭者，所以就會採用能夠以平均的必要勞動時間以下的時間生產和以前同一數量的商品之方法。而他們的競爭者，也非在競爭上採用其改善了的生產方法不可。不待言，在這種新生產方法只被一部分資本家採用的時候，他們可以得著額外的利益，但一旦普遍都採用了，就沒有這種額外的利益了。勞動力的價值，隨著這種生產方法影響於生活必需品的生產之程度，或者減得多，或者減得少，而相對的剩餘價值也相應於此而增大。

要之，資本主義，被其本身的盲目必然性所迫，不斷企圖增進勞動生產力，以增大相對剩餘價值的生產。

(五)由於增進勞動量能而生產的

我們已經知道，在順當的狀態之下，相對的剩餘價值是由於增進勞動生產力而生產出來的。然由於增進勞動量能，也可以生產相對的剩餘價值。

然則勞動生產力的增進和勞動量能的增進，其異點安在？所謂勞動生產力的增進，是指由勞動工具或勞動方法的改善（即生產方法的改善）而「在同一的時間內支出同一量的勞動，可取得更多的生產」而言。所謂勞動量能的增進，是指「在一定的時間中壓縮更多量的勞動」，即在同一的時間內，支出更多的勞動量而言。是故勞動量能的增進，不必一定要伴隨生產方法的改善。生產方法和從前一樣，也可以增進勞動量能；換言之，也可以在同一的時間內支出更多的勞動量。

　　照這樣說來，相對的剩餘價值可以由增進勞動量能的方法——即在同一的時間內支出更多的勞動量，由在同一的時間內生產更多的生產物之方法生產出來。

(六)勞動量能的增進與勞動時間的縮短

　　由於增進勞動量能而生產相對剩餘價值的方法，一旦制定了標準勞動時間，就和由於增進勞動生產力而生產剩餘價值的方法一樣，更加重要了。

　　等到勞動階級漸次增大其反抗，使國家斷然地縮短了勞動時間。於是首先在嚴密的工場裡強制一種標準時間的時候，即用延長勞動日的方法以增進剩餘價值的生產到了不能再前進的瞬間以後，資本這個東西，就以其全力和全自覺，促進機械組織的發展以生產相對的剩餘價值。這樣一來，相對的剩餘價值的性質，也同時發生了變化。換言之，相對的剩餘價值的生產，從先前依靠勞動生產力的增進，現在除此而外，還依靠勞動量能的增進。

　　如此，十小時勞動的濃密時間，現在包含著，與十二小時勞動的稀薄時間相等或更多的勞動——即被支出的勞動力。由是，濃密的一小時的生產物全部的價值，就和稀薄的一小時十二分的生產物全部的價值相等或更多。例如：三小時二十分剩餘勞動對於六小時四十分必要勞動所供給於資本家的價值量，現在和以前四小時剩餘勞動對於八小時必要勞動所供給於資本家的價值量是一樣的。

　　所以資本家並不受勞動時間縮短而有損失。

(七)勞動生產力及勞動量能的增進方法

然則以上所說的相對剩餘價植的主要生產方法——勞動生產力的增進與勞動量能的增進,是什麼東西使然的呢?

我們已經知道,勞動生產力,在人際關係的範圍內(大自然也是參與的),是被勞動工具及勞動方法決定的。而站在改善勞動工具的決定地位上的,即是機械的發明;站在改善勞動方法的決定地位上的,即是協力及分工。

至於勞動量能的增進,主要是由於「工資支付方法」(其中最重要的是包工工資方法)及「機械速度的增進,勞動者所能監視的機械的範圍擴大,即他的勞動範圍擴大」而行。

所以馬克思在《資本論》第一卷第四篇「相對的剩餘價值的生產」的全四章中的第三章,專論「協作」、「分工與工場手工業」與「機械及近代大工業」,在第六篇中專論「工資」。

可是,我們在本書中所要研究的,是馬克思《資本論》的中樞理論。所以我們必須跳過這龐大的部分(前三章)——雖然是很有特色的研究——而躍進到以下站在剩餘價值生產的立場上所見到的工資及資本蓄積的研究。

第三篇
工資及資本蓄積
（剩餘價值生產之卷三）

1 工　資

第一節　勞動力的價格與剩餘價值之份量的變化

(一)決定份量變化的三件事情

我們在前篇中已經知道，剩餘價值率之所以能夠增大，原則上，是由於1.延長勞動日，2.增進勞動生產力及3.增進勞動量能這三件事情使然的；換言之，剩餘價值率這個東西，是被1.何種勞動日，2.何種勞動生產力及3.何種勞動量能這三種因子決定的。我們將由於1.延長勞動日而生產的剩餘價值叫做絕對的剩餘價值，將由於，2.增進勞動生產力及3.增進勞動量能而生產的剩餘價值叫做相對的剩餘價值。以下我們所要研究的，即是馬克思關於以上三種場合中的勞動力的價格——和工資不同——，及剩餘價值的份量變化的研究大要。

這三種因子，可以有各種各樣的變化。有時只變其一，有時變其二，有時三種皆同時變化。然研究一切它的變化，這對於我們只要領會馬克思《資本論》之精髓的人們，未免太瑣碎了。而且只要我們知道了其基礎的變化，其他一切變化就不難理解。

因此，我們在這裡只研究其基礎的變化。換言之，只研究以

上三因子中某一種變化而他二種不變化的變化。為方便計，我們沿著勞動生產力的變化、勞動量能的變化、勞動日的變化之順序去研究。

(二)勞動生產力變化的時候

・勞動日和勞動量能不變而勞動生產力發生變化的時候

勞動生產力這個東西，固然影響於一定時間單位內所生出的生產物（即使用價值）的份量，但對於生產物的價值大小並無影響。假定從來一小時只能紡一斤棉紗的棉紡工，因發明了新機械的結果，現在可以紡六斤棉紗，於是他現在一小時可以生產從前六倍的棉紗，但綿紗的價值仍然和從前一樣，並無變化。換言之，現在六斤棉紗的價值和從前一斤棉紗的價值是一樣的。但同時，他藉紡織勞動附加於一斤棉紗上的價值，現在卻減而為六分之一了。而這種價值的低減反作用於勞動者生活物資，例如：他所穿著的衣類之價值的時候，結果，勞動力的價值也隨著低減，而剩餘價值卻照樣增大。以上是勞動生產力增進時的考察。反之，勞動生產力低減了的時候，就發生相反的結果。

剩餘價值的增減，往往是勞動力價值增減的結果，而絕不是其原因。勞動力的價值變化，原則上，伴隨著剩餘價值的變化。

然而價格和價值是不同的。價格和價值，有背離的可能性。（參照第一篇第一章第三節第五項）所以勞動力價格的減低是否正確地依照其價值的減低而減低，以及可以減低到怎樣的程度這種問題，是依靠各種狀態而決定的，尤其視勞動者階級的反抗力如何而決定。現在假定因勞動生產力增進的結果，一日分的勞動力價值從三元減低到二元，但其價格則僅減為二元五角。又假定

勞動者一人一日所生產的剩餘價值仍然是三元。那麼，在勞動力的價格照著價值一樣減低的時候，資本家所得的剩餘價值應該增大到四元，但在這個場合，資本家引以為憾的，是他所取得的剩餘價值只增大為三元五角。

　　總而言之，勞動日和勞動量能不變而只有勞動生產力變化的時候，勞動力的價格和剩餘價值之間，是存在著大體如上所述的變化關係的。以下，我們且順次考察其他二種變化的場合。而這兩種狀態或因子，是被許多經濟學者跟隨李嘉圖忽略了的。

(三)勞動量能變化的時候

・勞動日和勞動生產力不變而勞動量能變化的時候

　　所謂增加量能勞動這件事，即是在同一時間內支出更多勞動力的意思，也就是在同一時間內造出更多價值。假定棉紡工，不是因勞動生產力發生了變化，而是因勞動緊張了的結果，即勞動量能增進了，從前一小時只能紡一斤，現在可以紡一斤半，於是他一小時所造出的價值，也較從前大了半倍。即是從前十二小時造出六元的價值，現在十二小時則能造出九元的價值。縱然他的勞動力的價格，從前為三元而現在提高到四元，而剩餘價值也同時從三元增大為五元了。因之，勞動力價格的騰貴，並不是只有犧牲剩餘價值才可能的。勞動力價格的增減，必然地伴隨著剩餘價值的增減這件事，只有在勞動日及勞動量能不變而勞動生產力發生變化的時候，即生產物的價值不變時，才適用。

　　在這裡還有一件事實，我們不要忽略：即是在勞動日和勞動生產力不變而勞動量能變化的時候，勞動力價格的騰貴，並不是騰貴到其價值以上的意思。勞動量能愈高，其必然的結果，勞動

力的消耗愈急，由是勞動者的疲勞也愈甚。如果勞動力的價格不能騰貴至恢復勞動力的消耗及勞動者的疲勞到充分程度，那麼，實際上，勞動力的價格反低到其價值以下。

勞動量能這個東西，因國家之異而異。一國量能大的勞動日，可以用較他國量能小的勞動日更高的貨幣表示物表現出來：英國工場的勞動日大概較德國工場的短，因之，英國工場的勞動量能較之德國工場的勞動量能更高，英國勞動者所造出價值較之德國勞動者的更多。所以馬克思說，歐洲大陸諸國以法律縮短勞動日這件事，會是減輕大陸諸國的勞動時間與英國的勞動時間彼此的差異之最確實的手段。

(四)勞動日變化的時候

·勞動生產力及勞動量能不變而勞動日發生變化的時候

勞動日有延長和縮短的兩方面：

(1) 勞動日縮短的方面：勞動力的價值沒有變化的時候，勞動日的縮短，非犧牲剩餘價值不可。在這個場合，如果資本不願減少剩餘價值，那麼就會減低勞動力的價格到其價值以下。勞動力的價值，因為是被其生產上社會的必要勞動時間——即勞動者生存上必要的生活物資之生產所必要的勞動時間——所決定的，所以不能隨著勞動日的縮短而低減。因之，資本家，在縮短勞動日的時候，總要將勞動力的價格減低到其價值以下。他們說——制定標準勞動日是可以的，但必須要減少工資。

我們以上的說明，是將勞動生產力及勞動量能作為不變的考察，所以得到了一個結論：勞動力的縮短，必然地伴隨著剩餘價值的減低，則必將勞動力的價格減低到其價值以下。然而實際

上，勞動日的縮短，是勞動生產力或勞動量能增進的原因或結果。

(2) 勞動日延長的方面：勞動力的價值不變的時候，延長勞動日這件事，決不致使資本家頭痛。勞動日延長的時候，一勞動日所產出的生產物之量的價值總額與剩餘價值都要增大。固然這個時候，勞動力的價值（即恢復勞動者因勞動日的延長所致的疲勞而再生產其勞動力所必要的價值）及價格也可以增大，但其增大的程度，決不妨害資本家所得的剩餘價值之增大。並且，資本家，在許多場合，對於勞動力並未照著其增大了的價值支付。如果這個時候勞動力價格的騰貴，不能按照著價值一樣騰貴，那麼就和以前勞動量能增進的時候一樣，勞動力的價格表面上雖然騰貴，但實際上卻低落到其價值以下。

我們以前說過，勞動日的變化，大部分是伴著勞動生產力或勞動量能的變化而發生，很少以其純粹的形態出現。並且以上我們所考察的三種變化，皆很少真正以其純粹的形態出現。如果三因子中有一因子發生變化，通常其他二因子也隨著變化。所以馬克思在各種變化中，研究勞動量能及勞動生產力增進而勞動日縮短的這種變化，而究明了勞動日這個東西到底可以縮短到何種的程度。

(五)資本制生產方法廢止後的勞動日

在資本制生產方法之下，勞動日不能縮短到勞動者維特生存所必要的勞動時間的水準點。為什麼呢？因為一旦縮短到了這水準點的時候，作為資本制生產方法成立基礎的剩餘價值便不能存在了。

　　資本制生產方法廢止後，可以將勞動日縮短到必要勞動時間。然而在資本制生產方法廢止後的社會中，和資本制的社會不同，便會發生要延長必要勞動時間的欲求。爲什麼呢？因爲一般無產者的生活慾望向上增大，而屬於今日資本家剩餘價值範圍內的龐大部分進了生活必需的範圍即必要勞動的範圍內的緣故。

　　在資本制生產方法廢止後的社會中，通常地在縮短勞動日的另一方面，又增進勞動量能及勞動生產力。爲什麼呢？因爲新社會的有組織的勞動制度，完全除去了今日生產裝置及勞動力的浪費——這種浪費是很大的。資本制生產方法，雖然在內部勵行節約，但其無政府的競爭制度，無限浪費社會的勞動力及生產裝置，並且造出許多雖然是今日所不可少的但對於他本身完全無用的功能。

　　於是，一旦廢止了資本制生產方法而除去了那種不經濟的狀態時，人們的社會生活，就會逐漸變成這個樣子：因爲勞動量能和生產力如果一定，勞動這件事平均分配於社會中一切勞動者之間，而社會中一部分的人不能將他自己應該負擔的勞動轉嫁到別人的身上，於是社會的勞動日中的物質生產上所必要的部分愈小，而各人用於自由精神的及社會的活動的時間部分愈大。

第二節　勞動力價格的工資化

(一)當作勞動價格的工資

　　我們在前節的研究中，是將資本家付給勞動者的價格作爲是勞動力的價格來研究的。換言之，即是將工資（勞動工資）這個

概念，當作和勞動力的價格這個概念一樣而來研究的。然而工資
（勞動工資）的概念和勞動力價格的概念，是不相同的。在社會
中作為工資而行的東西，並不是勞動力價格，而是勞動的價格。

如果向著勞動者問：「你們的工資是多少？」，他們有的會
答：「我從雇主得著一元。」有的會答：「我得著二元」。他們
所屬的勞動部門不同，則他們作為一定勞動時間或一定工作的代
價而接受的貨幣額也會不同。無論他們所答的貨幣額怎樣不同，
但關於以下的一點都會是一致的。即工資，乃資本家作為一定勞
動時間或一定勞動供給的代價而支付的貨幣額。（馬克思著：
《工資，勞動與資本》）。換言之，工資這個東西，不是作為商
品者買賣的勞動力的價格，而是一定勞動這件事的價格。在這裡
便發生庸俗經濟學者的混亂與矛盾。

(二)馬克思的創見

本來商品的價格，即是用貨幣所表現的該商品的價值。於是
庸俗經濟學者們就以為 —— 勞動既然有價格，當然也應該有價
值。

然而，如果不分別勞動力和勞動而徒然追求勞動的價值，是
不能說明剩餘價值的存在。勞動的價值，也和其他一切商品同
樣，是被其生產上的社會必要勞動時間決定的。生產十二小時的
勞動，當然需要十二小時的勞動。這是自明之理。現在假定依照
商品交換的原則，勞動的代價是照著價值支付的，那麼，勞動者
所受的工資，就和他所加於生產物的價值一樣，結果，剩餘價值
便無成立的餘地了。如此說來，不是「剩餘價值說」謬誤或虛
偽，就是「價值說」謬誤或虛偽，否則兩者都謬誤、都虛偽，而

資本制生產方法便成了不可解的謎。以李嘉圖為其登峰造極的布爾喬亞的經濟學，就陷入於這種矛盾中而不能解脫。其他不研究近世生產方法而以辯論粉飾為務的庸俗經濟學者，更利用這種矛盾而達到巧妙絕倫的錯誤結論。

如果不意識到勞動力和勞動的區別，終究是不能糾正這種錯誤的。因馬克思將經濟學者所一向混雜不分的勞動力和勞動很明確地區別了，所以他才將這一切的錯誤一掃而空。

然而馬克思在一八四七年還沒有根本的發現，無論在「哲學的窮困」中或「工資，勞動與資本」中，他還是在論「勞動的價值」。但後來在他無意中竟變成「勞動力的價值」了。

可是，庸俗的經濟學者們，到現在還不能理解勞動力和勞動之間的區別的意義，仍然將兩者混雜在一塊，他們動不動就將馬克思和羅伯爾茨相提並論，殊不知羅伯爾茨是將李嘉圖的價值說，及其因混同勞動力與勞動的結果而生的種種矛盾，漫然地承繼起來的。但馬克思則不然，他在這一點和在其他根本各點一樣，將李嘉圖的價值說中的一切矛盾一掃而空，在這裡才完成現實不可缺的基礎鞏固的價值說。

(三)勞動力與勞動的區別

馬克思首先就主張：勞動這個東西不是商品，因為勞動雖是一切商品價值的源泉和尺度，但其本身卻沒有什麼商品的價值。出現於市場上的，是出賣勞動力的勞動者。勞動是由勞動力的消費而發生的。這恰如消費了「酒」這種商品而生出「醉意」來一樣。資本家要買的，是酒這種商品而不是由酒生出來的「醉意」。同樣，資本家所買的是勞動力而不是勞動。

　　然勞動力這個東西，是一種特別的商品。這種商品要消費後才支付代價的。勞動者要在勞動後，才接受勞動力的代價。所以在實際上，勞動力是買來的，但在認識上，則好像是對於勞動的支付。換言之，工資這個東西，不表現為勞動力的價格，而表現為勞動的價格即勞動工資。這種勞動力價格到勞動工資的變化，是在其貨幣價值從資本家的懷中出現到公然的舞臺上來的時候發生的。

　　以下我們再就這些問題稍微深入考察一下。

(四)勞動力價格的工資化及其結果

　　勞動力的價值，是被生產勞動者一定標準的生活物資所要的社會必要勞動時間決定的——這是我們久已知道的。所以現在假定通例的勞動力為十二小時，勞動力的每日價值為三元即代表六小時勞動價值的貨幣表示物。那麼，勞動者接受三元的時候，即接受十二小時中作用的勞動力的價值。然而勞動力的每日價值，如果表現為一日勞動的價值，就發生了以下的結論。十二小時勞動，具有三元的價值，那麼，勞動力的價值，便決定勞動的價值，如果將它用貨幣表示，即是決定勞動的價格。換言之，當作商品而買入的勞動力的價值或價格三元，同時即是一日勞動的價值或價格三元。

　　然而勞動力是一種特別的商品。具有六小時勞動價值的勞動力，在其使用價值的消費中，可以增大為十二小時勞動的價值。因為資本家往往利用勞動力至較其自身價值的再生產上所必要的時間更長。所以在上例中，十二小時作用的勞動力的價值，雖然是三元——即其生產上所必要的六小時勞動的價值——但其勞動

力的價值生產物，卻是六元。為什麼呢？因為勞動力在事實上作
用了十二小時，而勞動力的價值生產物，不是被勞動力本身的價
值所決定，而是被其作用的延續時間所決定的緣故。於是創造六
元價值的勞動，具有三元的價值這件事，一見就知道是無道理的
結果。

　　然其結果的問題，尚不止此。我們又知道，勞動力的已付部
分的價值——代表六小時勞動的三元的價值，是顯現為包含六小
時未付勞動的十二小時總勞動力的價值或價格的。於是，工資的
形態，就將必要勞動與剩餘勞動即已付勞動與未付勞動的勞動日
的分割痕跡消滅了。一切勞動，皆顯現為已付勞動。在徭役勞動
中，徭役者為自己而工作的勞動和為領主而工作的勞動，無論在
空間上或時間上，都是可以明白地區別的。在奴隸勞動中，奴隸
所得著的價值，只能補償自己的生活物資。因此，就是他為自己
而工作的勞動日部分，也顯現為替主人工作的勞動。他的一切勞
動，皆顯現為未付勞動。反之，在工資勞動中，就是剩餘勞動即
未付勞動也顯現為已付勞動。在奴隸勞動中，附屬關係將奴隸為
自己而工作的勞動隱蔽著，在工資勞動中，貨幣關係將工資勞動
者的無費勞動隱蔽著。

　　於是，我們理解了勞動力的價值及價格轉化於工資形態——
即勞動這個東西的價值及價格——的絕大重要性。這種現象形
態，將實際關係隱蔽了，而且表示一種相反的傾向，勞動者及資
本家的一切權利觀念，資本制生產方法的一切曖昧化，一切自由
幻想，以及庸俗經濟學者的一切詭辯遁辭，皆建立在這種現象形
態的基礎上。

(五)工資的二種基本形態——時間工資與件數工資

工資的主要基本形態，有時間工資與件數工資兩種。

所謂時間工資，不待言，是以時間制爲基礎的勞動工資。一小時勞動的價格，可以用勞動時間數，除勞動力每日的價值，即得。例如：勞動力每日的價值爲三元——體現著六小時勞動——而其勞動日爲十二小時。那麼，十二小時勞動的價格既然是三元，則一小時勞動的價格當然是二角五分即 $\frac{300分}{12}=25分$。這種一小時勞動的價格，是時間工資的單位尺度，對於資本家是很有用處的。資本家很重視這種勞動價格，將它當作標準單位，如果勞動者在勞動時間內沒有勞動，他就從他一日的工資中，將他沒有勞動的時間扣除了。

所謂件數工資，不待言，是以件數制爲基礎的勞動工資。勞動者既然可以用每一小時應值多少的時間工資去僱用，也可以用每一件生產品應值多少的這種工資法去僱用，這種每一件生產品應值多少的工資方法，即是件數工資。資本家，由於使用這種件數工資方法，可以希望勞動者在一定的時間內增加其生產額，如果生產額增加了，於是資本家又可以用其增添的口實以減少每一件生產品應值的工資。

要之，資本家使勞動力的價格工資化，使工資用時間工資或件數工資去支付而儘量增大剩餘價值的份量。就是在這一點上，資本主義也實在是很巧妙的東西。

2 資本蓄積

第一節　資本收入

(一)剩餘價值的冒險

關於剩餘價值是怎樣生產的這件事，我們已經知道了。但剩餘價值既生產了以後怎樣呢？我們還不知道。以下我們所要研究的，即是被生產出來的剩餘價值，是怎樣又影響於剩餘價值之再生產上的這件事。

每當生產出來的剩餘價值要影響於其再生產，其間，必須經過許多冒險的轉變過程。剩餘價值既生產為剩餘生產物之後，非再將其價值實現為貨幣不可；換言之，非再將生產出來的商品出賣不可，在這種實現的途徑上，剩餘價值，和其他一切價值同樣，要遇著許多危險，有的愉快，有的悲痛。今日可以實現為額外高價格的，而明日忽然實現為非常低廉的價格了。甚至還有不能實現為價格的。體現著剩餘價值的商品，有的還沒有運到市場上，就已經遇著購買者，有的卻關在店裡，幾年無人垂問。在這些冒險或轉化中，還有其他的危險脅迫著剩餘價值。即是，一方面，有掌管售賣商品的商人，取去一部分的剩餘價值，當作商業

的利得而裝進了他們的錢袋。另方面，又要對於地主支付地租，又要納稅，又要對於借用的貨幣支付利息。這樣一來，要從總剩餘價值中除去了這部分之後，才能將餘額作爲利潤而最後歸到我們資本家的錢袋裡去。

　　然而剩餘價值在以上的途徑中所經歷的冒險或轉變，不是我們現在所討論的問題。因爲其中有一部分，是屬於資本流通過程的領域，所以馬克思將它放在《資本論》第二卷中去研究，而我們也將它放在本書第四篇中去研究。還有一部分，是研究資本制生產方法總過程的時候應該討論的，所以馬克思將它放在《資本論》第三卷中去研究，而我們將它放在本書第五篇中去研究。我們在本篇中所要研究的，還是剩餘價值的生產過程，即是每當生產出來的剩餘價值，顯現爲貨幣再回到資本家的手裡而影響於再生產的過程上的直接關係。換言之，我們以下的研究，還沒有走出剩餘價值生產的一步。

　　所以我們現在仍然和以前一樣，假定資本家是在商品市場中照著商品的原來價值售賣商品的。同時又假定剩餘價值是一文不缺地全部歸到資本家的手裡去。因爲縱然不這樣假定而設下相反的假定，在根本的結果上，並沒有什麼變化，不過徒使問題複雜困難而已。

(二)單純再生產與擴張再生產

　　所謂剩餘價值影響於生產過程，當然是影響於再生產過程即生產過程的重複。

　　一切的社會生產過程，是生產過程，同時又是再生產過程。無論在怎樣社會形態之下，生產必須持續進行，否則必須劃出一

定的時間重複生產。因之，無論在怎樣的社會形態之下，除生產消費的物資而外，還必須生產生產裝置。

等到生產採取資本主義的形態的時候，則再生產也當然要採取同樣的形態。無論在怎樣的社會形態之下，生產及再生產消費物資與生產裝置是必要的事情，同樣，在資本制生產方法之下，生產及再生產剩餘價值，也是資本制社會存續上所不可缺的條件。換言之，每當生產出來剩餘價值的資本，非得兩次、三次為生產剩餘價值而持續使用不可。如此，資本這個東西，便不斷重新產出剩餘價值。換言之，剩餘價值這個東西，便顯現為資本在運行中所不斷產出新的果實，即資本的持續之所得或收入。

這種剩餘價值，是和生產過程的重複同時不斷生產的。而再生產過程這個東西，又使剩餘價值有再度進入生產過程的機會，即是使剩餘價值有重新作為資本而參與新剩餘價值生產的機會。我們在這裡所視為問題的，就是剩餘價值的這一點。

例如：某資本家，運用十萬元的資本，由此每年得著二萬元的收入。他怎樣處分他的收入呢？他可以有兩種正反的處分方法，一種是將它全部消費，另一種是將全部變成資本。但在普通的場合，這兩種處分方法都是不可行的，多半是將它一部分消費，一部分附加到資本中。

如果剩餘價值的全部都消費了，那麼，資本就沒有一點變化，其大小仍然和以前一樣。在這個場合，資本只能單純地再生產，所以我們就將它叫做「單純再生產」。然而，如果將剩餘價值的全部或一部分附加到資本中成為新資本，那麼，資本才能增加，即是資本的蓄積，在這個場合，再生產的規模便擴張了，我們就將它叫做「擴張再生產」。

第二節　單純再生產

(一)工資是勞動者所產生的

　　所謂單純再生產，不外就是生產過程以同一的規模重複著。然這種重複，對於生產過程，給與了許多新的特徵。假定一個貨幣擁有者，他先用某種方法得著了貨幣，現在將它轉化為資本。又假定他有一萬元的貨幣，其中支出九千元為不變資本，一千元為可變資本即工資。如果他由此生產了價值一萬一千元的物品（其中有一千元是剩餘價值）照著價值售出，而將其剩餘價值一千元消費了，那麼，再生產過程，就仍然以從前一樣的規模進行著，即是和從前一樣支出九千元為不變資本，一千元為可變資本。

　　然而在這裡，我們已看出和以前不同的一點來了。即是，在前次的生產過程中，當作工資而支出的一千元，是從別方面來的，而不是由該企業所使用的勞動者勞動而來的。那一千元也許是由資本家自己勞動而來的。但在第二次的生產過程中，即重複生產的過程中，當作工資而支出的一千元，明明白白是勞動者在前次生產過程中造出來的。勞動者，在前次的生產過程中，不僅轉移九千元不變資本部分的價值於新生產物上，並且造出了二千元的新價值。

　　所以，如果將資本制生產過程，作為是一次的生產過程來看，那麼，工資這個東西，就好像是資本家從錢袋裡預先墊付出來的樣子。並且實際上，在最初一次的生產過程中也許是這樣的。但將資本制生產過程作為再生產過程來看的時候，則勞動者

所受的工資，是他自己勞動生產物的一部。這樣說來，勞動者所受的工資，即是他自己生產物中的應得的一份。總之，工資這個東西是是勞動者在前次的生產過程中，自己造出來的。

(二)資本也是勞動者所產生的

　　將資本制生產過程作爲再生產過程來看，則工資是勞動者自己產出來的，已如上述。如果將再生產過程經過一定的期間來看，則資本也是生產過程中所使用的勞動者產生出來的。

　　我們現在且就上面所舉的一例再來考察一下。假定每一個生產期間都是半年。資本家，在每一生產過程中，可以收得一千元的剩餘價值，於是每年他便可以收得兩千元的剩餘價值，而他所收得的剩餘價值都消費了，因之，五年後，他共消費了一萬元，和原資本的價值相等。但他的手中仍然拿著一萬元的資本。

　　這新的剩餘價值，在其大小的一點上，雖等於原資本，可是在根本的性質上，兩者是完全不相同的。本來的一萬元，不是他僱用的勞動者造出來的，而是從別的方面得來的，不過他已經將這一萬元在五年中消費完了。所以，如果除開這已消費的一萬元之外還有一萬元，則這一萬元，明明白白是從剩餘價值中所生出來的。因之，一切資本，無論起初是從什麼地方來的，經過了一定的期間，由單純再生產的作用，便成了剩餘價值的堆積即剩餘勞動（未付勞動）的蓄積。

(三)勞動者階級的生產及再生產

　　資本制生產過程的根本條件，在於一方面使勞動者離開生產裝置而蓄積著所謂無產勞動者，另方面蓄積著生產裝置和生活物

資這種事實。如果沒有這兩種蓄積，則資本制生產過程，在起點上就已不可能。然而在資本制生產過程之下，這項起點條件又顯現爲結果。即是資本制再生產過程，不斷生產並保存他自身存立條件的無產勞動者及資本（生產裝置及生活物資）。

工資勞動者所生產出來的生活物資及生產裝置，不屬於他自己所有，而歸於資本家所有。工資勞動者，不絕地進出於生產過程，進去的時候是個勞動者，出來的時候也仍然是個勞動者，並未發生何等變化。反之，資本家在每一生產期間的終末，仍舊占有可以購買勞動力的生活物資及勞動者所運用的生產裝置。於是，勞動者在每次的再生產中便生產使他自身隸從和貧乏的前提條件。

資本的再生產過程，又使勞動者階級的再生產成爲必要的事情。

如果將生活過程作爲是一次的或個別的生產過程來研究，那麼，成爲我們的問題的，就只有各個的資本家及各個的勞動者，在這個場合，只有勞動力被消費於生產上的期間，即勞動時間的持續中，才覺得勞動力及和勞動力不可分的勞動者，是屬於資本家所擁有的，除此期間而外，是屬於勞動者自身及其家族所擁有。他們喝茶、吃飯、睡覺、遊戲，都好像完全爲自己，並不是爲資本家。

然而將資本制生產過程作爲是再生產過程來研究，則這種關係就不同了。在這個場合，我們所考察的對象，並不是各個資本家及各個勞動者，而是資本家階級及勞動者階級，資本的再生產過程，必需勞動者階級永久存在。換言之，如果要不斷重複生產過程，就非不斷供給勞動力不可。即是一方面必須使勞動者不斷

恢復其支出的勞動力，另方面必須不斷生出新的勞動者以補充消
失的勞動者。換言之，一方面必須生產勞動者階級（即恢復支
出的勞動力），另方面必須再生產勞動階級（即生出新的勞動
者）。然而關於再生產勞動者階級這件事，是不須資本家費心
的，委之於勞動者的生殖本能就行了。幸哉，天之佑我資本家
也！

第三節　剩餘價值的資本化（擴張再生產）

A.剩餘價值蓄積的條件

(一)剩餘價值的資本化（即資本的蓄積）

　　資本家將剩餘價值全部都消費了的這件事，是很稀有的。通
常多少總將其中一部分再轉化為資本。即是行擴張的再生產。用
剩餘價值作資本這件事；換言之，剩餘價值再轉化為資本這件
事，即是資本的蓄積。

　　這種過程，是很容易說明的。現以前例而言，一萬元的資
本，每年給其擁有者以二千元的剩餘價值。如果他不將這二千元
消費，而追加到資本中去，則他就有了一萬二千元的資本。而這
一萬二千元的資本，也在同一的條件之下，帶來了二千四百元的
剩餘價值。如果將這二千四百元也追加到資本中去，那麼，就有
了一萬四千四百元的資本，二千八百八十元的剩餘價值。如果同
一的過程繼續重複下去，則資本就有了一萬七千二百八十元，而
生出三千四百五十六元的剩餘價值，合計共有二萬零七百三十六

元。如此，四年之後，由於剩餘價值蓄積的結果，資本就較原額增大了一倍以上。

至於剩餘價值是全部蓄積起來的呢，還是只蓄積一部分？在這裡都不成為問題。同樣，剩餘價值是怎樣蓄積起來的呢？是追加到舊有資本中去的嗎？還是形成新的資本？這更不是目前所研究的要點。紡織工場的擁有者，既可以利用他的剩餘價值去擴張他的工場，設置更多的機械，僱用更多的勞動者，購買更多的原料，也可以利用他的剩餘價值去設置新紡織工場，或其他的機械工場、煤礦等完全相異的事業。然不問它的用途如何，剩餘價值，在這個場合，是再轉化為生產剩餘價值的價值即屬資本的。換言之，即是行資本的蓄積。

(二)資本蓄積（擴張再生產）的根本條件

要使剩餘價值成為資本，先必由商品轉化為貨幣，再由貨幣轉化為適當的商品。假定這裡有一個紡織業者，他賣出棉紗，除開最初所投下的資本之外，還有採取貨幣形態的貨幣。而這種剩餘價值，必須連同最初的資本再轉化為新的資本。但這種轉化，只有在能夠作為生產裝置的商品和上述所增大的資本等量出現於市場的場合才可能。要使剩餘價值成為追加的資本，必須有追加的原料（在這裡所說的原料即是棉花），追加的勞動工具（如機械一類的東西），以及維持增大的勞動力所必要的追加的生活物資，和追加的勞動力等。換言之，要使資本蓄積成為可能，先必具備擴張生產的物質前提條件。

但紡織業者，可以在商品市場中，發現這些必要的追加生產裝置。為什麼呢？因為不僅是紡織業者能夠產出剩餘生產物，就

是棉花栽培業、機械製造業、煤礦等，也能夠同樣產出剩餘價值──剩餘生產物的緣故。

如果我們不注意每一年間歸到各個資本家手裡去的剩餘價值，而只注意全資本家階級每年所占有的剩餘價值總額，那麼，就發現了這樣一個原則。即是，剩餘價值這個東西（無論全部或一部分），如果剩餘生產物（無論全部或一部分）不是由生產裝置及勞動者所消費的生活物資而成，就不能轉化為資本。

然則追加的勞動者，是從什麼地方來的呢？關於這一點，資本家是毫不費氣力的。只要以工資的形態，給勞動者以維持生存的物資就行了。因為生殖這件事，是勞動者自己必須做的事。

(三)商品交換法則的自絕

我們已經知道，就是在單純的再生產之下，各種資本只要經過若干年之後，便成了單由剩餘價值所成的蓄積資本。但以前說過，資本這個東西至少在其發生的當時，是其擁有者自己勞動的結果。可是，最初由剩餘價值中產生出來的資本則不然。這種資本，明明白白從最初就是其擁有者以外的人體勞動的結果，所以剩餘價值的蓄積，就是因欲擴大未付勞動的占有額來占有未付勞動的意思。

這對於商品交換的根本法則，是怎樣大的一個矛盾呀！我們以前說過，商品交換這件事，本來一方面，以商品擁有者對於其生產物的所有權為前提；另方面，又以等價與等價的交換為前提，因之，無論何人，皆不能占有額外的價值。

然而，現在，由於資本制生產方法的必然趨勢，一方面，使生產財富的勞動者成為無產者而蓄積著；另方面，使資本家占有

剩餘價值而蓄積著。於是，一切的財富，大部分就好像沒有和等價物交換而被人家占有了。換言之，商品交換的法則，好像已經自絕了。

其實，這種行動，決不和商品交換的法則相反，並且是商品交換法則使其如此的——這是我們已經研究過的。這種行動，不能證明商品交換法則的自絕，只有由於商品交換的法則才能說明的這種行動。

B.剩餘價值蓄積的界限

(一)資本家消費剩餘價值的界限

資本家通常消費剩餘價值的一部分，而將其他的一部分蓄積著。這被消費了的剩餘價值部分，可以當作狹義的收入。

消費多少剩餘價值，轉化多少剩餘價值為資本？這完全是資本家的自由。然資本家自己所消費的剩餘價值部分，大概總不是任意的，而其大小是被「歷史」決定的。即是，他所消費的剩餘價值部分，和勞動者所得的工資一樣，是由該社會層級（身分相當）的正常生活標準決定的。

意思雖然不同，但資本家和勞動者一樣，一生一世隸屬於資本。他不僅在競爭上於他的企業中屬行著資本制生產方法的法則，並且就是在私人生活上也必須服從這種法則的要求。如果生活過於放縱奢侈，他就成了浪費者，而信用因之喪失。如果生活過於吝嗇，與自己的身分不相稱，就好像他連普通收入也得不著，因之他也會喪失信用。所以，資本家不得不從剩餘價值中取

出一定的份量──在一定的時期與一定的範圍內釋出一定的份量──來消費。不待言，這種剩餘價值，和工資的大小比較要伸縮自如得多，但在一定的社會中，大體上是有一定的界限的。

(二)資本家剩餘價值蓄積的界限

關於可以消費的剩餘價值的界限，已如上述，但關於可以蓄積的剩餘價值的界限如何呢？關於可以蓄積的剩餘價值部分，除開剩餘價值的總額界限及其可以消費的剩餘價值部分的界限之外，沒有其他的界限。

剩餘價值的蓄積，愈多愈妙。資本制生產方法，必然以資本的持續不斷的蓄積為必要。隨著生產技術的發展，一定部門中的企業所必要的資本越發增大。如果資本家不能時常補足所必要的資本增大部分，則他就非從競爭場中落伍不可。

例如：今日某生產部門中的一企業，為維持競爭能力，必須有最小投資額二萬元，二十年後，由於採用新勞動方法及更大規模的新機械結果，其最小投資額可以增大為五萬元。所以，如果最初以二萬元開始經營的企業家，因不努力蓄積剩餘價值的結果，二十年後，合計不能得著五萬元的資本，只能得著三萬元的資本，那麼，他就會因不能和他人競爭而破產。

然而使資本家蓄積其剩餘價值的這件事，不必一定要有以上的自覺的刺激。為蓄積而蓄積的衝動，因近代生產方法的緣故，是從資本家的腦裡發展出來的，這恰如商品生產初期，蓄積金銀的熱望是從貨幣蓄藏家的腦裡發出來的一樣。因為資本家，並不是為增大自己的享樂，而是為增大自己的資本，所以無論他已有多少產業，無論已超過他享樂的必要以上若干，他總是貪得無厭

追求著剩餘價值，而盲目走上了資本制生產方法的軌道。

(三)勞動者的節慾與資本蓄積的增大

　　資本家消費剩餘價值的界限；換言之，資本家節慾的界限愈大，則資本蓄積的範圍也愈大。然而對於資本家最幸的，是除節慾外，還有各種影響於資本蓄積範圍的事情。

　　使剩餘價值的量增大的一切事情，只要其他的事情沒有變化，又是擴大蓄積範圍的事情。關於影響剩餘價值量的一切事情，我們早已知道了。在這裡，我們只就目前的研究所引以為必要的另一方面的觀察來探究一下。

　　其中最重要的一件事情，即是勞動者的節慾。對於勞動者所支付的工資愈少，則剩餘價值率愈大，在資本家的消費沒有變化的場合，可以蓄積的剩餘價值部分也愈大，這是很顯然的。所以，一切減低勞動力的價值或將工資減低到其價值以下的事情，都足以助長資本的蓄積。於是那些資本家及其代辯者，就口裡含著香煙，飲著啤酒，而對於那些破壞「國民幸福」的勞動者的「奢侈」，深感不滿，以為是很不合道德的。

(四)可變資本的追加與資本蓄積的增大

　　在擴張營業的時候，非得支出較多額的不變資本不可，雖資本家很不快活，但由於大工業中採用機械，這種支出更多。可是，他縱然不快活，也還有一件事情足以安慰他。這件事情，即是營業上所必要的不變資本一旦投放後，只要增加新的可變資本（不必和不變資本一樣增加），便可以擴張生產到某種程度。例如：某製造業者，因為營業的成績好，所以要增加生產，那麼，

他只要將勞動時間延長二小時或三小時，就可以達到他的目的。既不必設置新機械，也不必建築新工場，只要增大一部分的生產裝置（原料及輔助品）及勞動時間（勞動力）就行了。

然而還有其他的產業，如礦業，不必買什麼原料。又如農業雖然要點種子及肥料，但所費無幾。這些產業，都是從土地中採集原料的產業，如果要在這些產業中增大生產物的份量，只要增加勞動力（即可變資本）就夠了，這是我們常常看見的。這個場域生產物的增加，只以土地與勞動為基礎，因此，要增大作為資本的剩餘價值的蓄積，只以增加勞動力為主。

(五)科學的應用與資本蓄積的增大（資本蓄積的伸縮性）

資本這個東西，不但將一切作為生產裝置的財富及勞動據為己有，並且也將科學據為己有了。科學的發達，其本身雖與資本沒有什麼關係，但由於科學的發達而促進了勞動的生產力所發生的一切結果，皆歸資本家所有了。因之，科學的發達，也是助長資本蓄積的。勞動生產力一旦增進，則勞動力的價值減低而剩餘價值率加高，由是資本家更可以多蓄積資本。

由於以上的說明，我們可以知道，資本蓄積這個東西，是富於伸縮性的，並沒有固定的大小。資本這個東西不過只形成社會財富的一部分，而社會財富的其他一部分，即是資本家階級及勞動者階級的消費基金，由於減少這種基金，便增大資本的蓄積，由於增加這種基金便減少資本的蓄積。所以資本的蓄積，除受以上所述的各種事情的影響之外，還同時受消費基金大小的影響。

我們以上的考察，是將資本周轉的緩急程度及信用組織的寬緊力度等流通過程上的各種事情置之度外的，但實際上，這些事

情也影響於資本的蓄積。就是只以生產過程的各種事情而言,也可以充分地看出資本蓄積範圍的伸縮性來。總之,資本蓄積的範圍,是富於伸縮性的。

....

我們在這裡已經終結《資本論》第一卷〈資本的生產過程〉與本書「剩餘價值生產之卷」的研究。《資本論》第一卷,是馬克思經濟學的精髓所在,我們已將它大體如上研究過了。此後,我們更勇敢地走進《資本論》第二卷〈資本的流通過程〉與本書〈剩餘價值實現之卷〉的研究。

第二卷

第四篇
資本的循環及周轉
（剩餘價值實現之卷）

1 資本的循環

第一節　貨幣資本，生產資本，商品資本

(一)從生產領域到流通領域

我們以前的研究——自第一篇至第三篇〈剩餘價值生產之卷〉即《資本論》第一卷的研究——以剩餘價值的生產領域為主。我們可以說已經將馬克思經濟學中最重要部分的三分之二研究過了。以前曾經說過，以上三篇是《資本論》第一卷的精髓，那麼，我們現在必須更進一步去研究剩下來的《資本論》第二卷及第三卷的精髓。所以本篇所要研究的，就是論及剩餘價值實現世界即資本流通領域的《資本論》第二卷的精髓。換言之，我們要離開先前所研究的生產領域，而走向流通領域裡去。在這裡，便有剩餘價值如何實現的問題，即資本經過何種階段而在其流通的途中，將生產過程中所孕育的剩餘價值實現為貨幣的問題，等待我們來解剖、來研究。

(二)資本流通的三階段

我們在第一篇第二章中，早已知道資本流通的一般公式為

「貨幣──商品……〔商品＋（商品）〕──〔貨幣＋（貨幣）〕」。由此我們又可以知道資本的運行過程，是由(1)貨幣──商品，(2)商品……〔商品＋（商品）〕及(3)〔商品＋（商品）〕──（貨幣＋〔貨幣〕）這三個階段而成的。

在第一階段中，貨幣擁有者即資本家，以購買者的資格出現於商品市揚，在這裡，他的貨幣便換成了商品。即是他在這裡用貨幣買入自己願意從事的生產所必要的生產裝置（普通商品或一般商品）及勞動力（特別商品）。換言之，他的資本形成了貨幣──商品 $\begin{cases} 生產裝置 \\ 勞動力 \end{cases}$ 這種轉形階段。

在第二階段中，資本家將他所買入的商品（生產裝置及勞動力）消費於生產方面。換言之，暫時停止流通，而進行生產。即是他的資本暫時離開流通過程而進入生產過程。其結果，便可以得著這種商品其價值比以前所買來消費的商品之價值更大。即是，他的資本，由於藉著生產過程，就顯現為較原價值更大的價值──包含剩餘價值的價值。這樣一來，他的資本便形成了商品……〔商品＋（商品）〕這種轉形階段。

在第三階段中，資本家以售賣者（售賣他在生產過程所產出的新商品）的資格。再出現於商品市場。即是由生產過程，再現於流通過程。如此，他所生產的商品，又換成了貨幣。換言之，他的資本，又形成了〔商品＋（商品）〕──〔貨幣＋（貨幣）〕這種轉形階段。這樣一來，他的貨幣就變成更多的貨幣再回到他的手裡來了，在這裡，剩餘價值就實現了。同時，資本也就循環了一次。所謂資本循環者，就是投下的貨幣經過以上所述的三種轉形階段變成更多的貨幣，再回到原有者的手裡來的意

思。

(三)貨幣資本，生產資本，商品資本——產業資本

馬克思將第一階段中採取貨幣形態而存在的資本叫做「貨幣資本」；第二階段中採取生產要素（生產裝置及生產力）的形態而存在的資本叫做「生產資本」；第三階段中採取可以售賣的商品的形態而存在的資本叫做「商品資本」，至於經過以上三階段而實現剩餘價值的資本，就叫做「產業資本」。所以貨幣資本、生產資本、商品資本這三種資本形態，是產業資本的構成要素，而所謂產業資本者，不外就是這三種資本的總稱。

原則上，資本要經過以上三階段後才能增殖自己。即是資本要作為產業資本後，才能生產剩餘價值。關於這個問題，我們已經在本書第一篇至第三篇〈剩餘價值生產之卷〉中研究過了，在這裡，沒有再贅述的必要。

(四)產業資本與商業資本及付息資本的關係

我們在這裡所必須討論的，即是產業資本與商業資本及付息資本的關係。商業資本這個東西，直接採取「貨幣——商品——〔貨幣＋（貨幣）〕」這種流通形態（即是沒有經過生產過程）而轉化為更大的貨幣。付息資本這個東西，更直接地採取「貨幣——〔貨幣＋（貨幣）〕」這種流通形態而轉化為更多的貨幣。

我們在本書第一篇第二章第二節中，已經知道商業資本及付息資本的歷史起源在於盜掠，因之這兩種資本是和當時的道德觀念不相容的。然而這種商業資本及付息資本，等到後來產業資本

成立後，就分擔著產業資本的一種功能，由是產業資本所生出來的剩餘價值，它也要分受一點。即是，隨著資本制生產方法的發展，資本家之間發生了分工，結果，某種資本不必作為產業資本經過貨幣資本、生產資本及商品資本三轉形階段，而直接地作為商業資本或付息資本，分擔著流通的產業資本所有的任務之一，以增殖自己。在這個場合，這兩種資本所得著的剩餘價值，是產業資本所產出的剩餘價值的一部分，它不過參與其分配而已。這就是我們為什麼專研究產業資本的原因所在。

第二節　三種資本的循環與剩餘價值之實現

(一)貨幣資本的循環

　　資本（單說資本的時候，是指產業資本而言的）的循環過程，如前所述，是由貨幣資本、生產資本、商品資本的三轉形階段而成的。所以從貨幣資本、生產資本、商品資本各自的觀點來觀察的時候，這三種資本的循環也是包含於資本的循環重複之中的。現在為便於理解起見，試圖解如下。（「貨」表示貨幣，「商」表示商品，點線表示生產過程。）

貨幣資本的第一循環	貨幣資本的第二循環

貨－商·〔商＋(商)〕－〔貨＋(貨)〕，貨－商·〔商＋(商)〕－〔貨＋(貨)〕，貨－商·〔商＋(商)〕

生產資本的第一循環	生產資本的第二循環

商品資本的第一循環	商品資本的第二循環

我們先從貨幣資本的循環來考察。一次的貨幣資本的循環，即在一次的資本循環中了結。換言之，貨幣資本循環一次，即形成資本的循環一次。在這種循環中，資本家先將貨幣資本轉化爲生產資本（由於和其生產上所必要的普通商品——生產裝置及特別商品——勞動力交換而成）。其次再將生產資本轉化爲商品資本（由於生產較其生產過程中所消費的價值更大的商品），最後，又將商品資本再轉化爲貨幣（由於在市場中售賣商品），使其成爲自由使用的資本。即是貨幣資本又回到他的手中，而貨幣資本也就循環了一次，同時，剩餘價值也實現了。

至於這種貨幣資本循環的先決條件（換言之，成立產業資本的條件），一方面必須有其他資本家的生產者存在；另方面必須有工資勞動者存在。因爲他必須用貨幣資本去到市場中蒐求其所必要的生產裝置及勞動力的緣故。

(二)生產資本的循環

生產資本循環的一般樣式，如前項圖解所載，是商……〔商＋（商）〕－〔貨＋（貨）〕，貨－商。

資本家，由於將其買入的商品即生產資本在生產過程中消費而產出價值更大的新商品。生產資本的這種作用就叫做「生產資本的功能」。由於生產資本在生產中消費而轉化爲價值更大的商品即商品資本，便完成了生產資本的這種功能。其次，商品資本又轉化爲貨幣，而貨幣又作爲貨幣資本再投下，由於和必要的生產裝置及勞動力交換，又變成生產資本。於是，生產資本就循環了一次。

如上所述，生產資本的循環是和貨幣資本的循環不同，它一

定要重複資本的循環，即是一定要有再生產過程。換言之，生產資本的循環，不是只有一次的生產就夠了，而是需要再生產的。

常再生產的時候，又要看是否將以前實現的剩餘價值重新加入貨幣資本及生產資本中而決定行單純再生產或擴張再生產。剩餘價值不重新加入貨幣資本及生產資本中的時候，行單純的再生產；反之，重新加入的時候，則行擴張的再生產。關於這個問題，我們已經在本書第三篇第二章中研究過了。現在更站在資本循環的立場上，以圖解示之如下。

1. 單純再生產的時候

$$\text{貨——商……}\begin{cases}\text{商}\\+\\(\text{商})\end{cases}——\begin{cases}\text{貨——商（作為生產資本而入生產領域）}\\+\\(\text{貨})（\rightarrow \text{和消費財交換而入消費領域}）\end{cases}$$

2. 擴張再生產的時候

A. 剩餘價值全部加入

$$\text{貨——商……}\begin{cases}\text{商}\\+\\(\text{商})\end{cases}——\begin{cases}\text{貨}\\+\\(\text{貨})\end{cases}——\text{商2（作為生產資本而入生產領域）}$$

B. 剩餘價值一部分加入

$$\text{貨——商……}\begin{cases}\text{商}\\+\\(\text{商})\end{cases}——\begin{cases}\text{貨}\\+\\(\text{貨})\end{cases}\begin{cases}\text{商2（作為生產資本而入生產領域）}\\(\text{貨})\\(\text{貨})（\rightarrow \text{和消費財交換而入消費領域}）\end{cases}$$

(三)商品資本的循環

商品資本循環的一般樣式,如前述圖解所載,是〔商——（商）〕——〔貨＋（貨）〕,貨——商……〔商＋（商）〕。

資本家將新生產的價值更大的商品在市場中轉化爲貨幣,又以這種貨幣（看在這種貨幣中是否包含所實現的剩餘價值而決定行單純再生產或擴張再生產）買入他願意從事的生產上所必要的生產裝置及勞動力,而將貨幣資本轉化爲生產資本,其次再將這種生產資本消費於生產方面而轉化爲價值更大的商品（即商品資本）。這樣一來,商品資本便循環了一次。

如上所述,商品資本的循環,和生產資本的循環一樣,必須要重複資本的循環;換言之,必須有再生產過程。即是,在資本循環的重複之中,貨幣資本的循環不消說,就是生產資本及商品資本的循環也是包含著的。

商品資本的循環順利進行的必要條件,先必售賣其生產的商品即作爲商品資本的商品。然而這種售賣,原則上,如果沒有適合的消費,是不能順利進行的。一切生產物的消費,可以分爲兩種,一種是生產的消費;一種是不生產的消費（爲生活或享樂而消費）。用於生產消費的生產物,普通叫做「生產財」,用於不生產消費的生活產物,叫做「消費財」。一部分的消費財是被勞動者消費的,還有其餘的一部分是被資本家消費的。總而言之,商品資本的循環要順利進行,必須售賣其生產的商品（即作爲商品資本的商品）。

(四)資本流通（商品流通的第二形態）與單純商品流通（商品流通的第一形態）的交錯

資本的一般公式即商品流通的第二形態，簡單說來，可以用「貨幣──商品──貨幣」來表示，單純商品流通即商品流通的第一形態，可以用「商品──貨幣──商品」來表示，這是我們已經知道的（參照第一篇第二章第一節）。

然而這兩種流通過程是互相交錯的。關於這個問題，我們不難理解。資本家以其貨幣買入他願意從事的生產上所使用的商品，例如：他為生產澱粉而買入馬鈴薯，賣家為農夫，那麼，從農夫方面看來，「貨幣──商品」這件事，即是「商品──貨幣」這件事。其次，資本家賣出其生產的澱粉而形成「商品──貨幣」這種交易，但農夫將其所得的貨幣用之於購買自己生活上的必要商品，例如：醬油，而形成「貨幣──商品」這種交易。在這個場合「貨物──商品──貨幣」與「商品──貨幣──商品」這兩種流通，其前半是互相交錯的。同樣，資本流通的後半「商品──貨幣」，也可以成為一般商品流通的後半「貨幣──商品」。因之，資幣流通即商品流通的第二形態和單純商品流通即商品流通的第一形態，是互相交錯的。

這種事情的意思，即是說被貨幣資本所買入的商品，不一定要是資本家的生產方法下所生產的商品（即資本的商品）。無論是立足於奴隸制度的生產所產出的商品，或是被農民、共同體（荷領東印度）、國營生產（如俄國史上初期各階段所行的以農奴制為基礎的生產）、半野蠻的狩獵民以及其他各種生產所產出的商品，總之，在這些生產方法之下的商品及貨幣，等到和代表

產業資本的商品及貨幣接觸著的時候，便成了產業資本，至於其原來的生產過程的性質無論怎樣都行。商品一旦被貨幣資本購入，便成了生產資本，而其生產的過去歷史也就消失了。

(五)資本流通相互的交錯

資本流通，不僅和單純的商品流通互相交錯，並且其自身也是互相交錯的。

關於這件事，也不難理解，例如：煤炭礦主售賣煤炭「商品──貨幣」，從他自己看來是「貨幣──商品──貨幣」中的「商品──貨幣」，但從購入煤炭而用之於生產消費的製鐵業者看來，又是他的資本流通「貨幣──商品──貨幣」中的「貨幣──商品」。同樣地，煤炭礦主購入他在生產上所必要的生產裝置的過程「貨幣──商品」，又是其他資本家的資本流通中的「商品──貨幣」。固然這個時候煤炭礦主所購入的商品，不一定要是資本家的商品，已如前述。但是在資本制的社會中，大部分的商品都是資本家的商品。因之，資本家作為生產裝置而購入的商品，在許多場合，都是資本家的商品，這就是資本流通，互相交錯的意思。

再者，在資本制社會中，大部分的商品是資本家的商品，而資本家相互購買資本家的商品以經營其生產事業，但這只能就生產裝置（即不變資本）而言，至於勞動力（即可變資本）絕不是作為資本家的商品而生產的，因之，也不是資本家互相買賣的東西。勞動力乃屬於單純商品流通中的商品。無產者將其勞動力出賣而得著貨幣，又以其貨幣買入自己生活上所必要的商品，即是形成「商品──貨幣──商品」的流通形態。在這種意義上，資

本流通這個東西,是以單純商品流通的交錯爲必要條件。

(六)剩餘價植的實現

　　以上,我們已經將資本循環的大概情形研究過了,生產過程中所生產的剩餘價值,實現於如上所述的資本循環形態之中。資本家的目的,就在實現這種剩餘價值。他的生產,是不得不實現並獲得這種剩餘價值的「壞東西」。他要將他在生產過程中所生產的剩餘價值實現於流通過程後,才能看出他的行爲的意義來。如此,他又開始新資本的循環。資本循環不斷的重複,即是不絕地實現剩餘價值的意思。資本家就這樣滿面春風追求著「貨幣——商品……〔商品+(商品)〕——〔貨幣+(貨幣)〕」而一步一步走上了資本主義的生產方法的軌道。

　　不待言,如果就各個資本家來說,有的不能實現剩餘價值,有的不但不能實現剩餘價值,並且連原資本也要喪失,有的笑容滿面,有的垂頭喪氣,但這些都不是我們現在所考慮的事情。我們的研究,還是在商品照著原有價值交換這種原則的假定下進行的。在順利的狀態之下,剩餘價值是如上所述那樣實現的。

2 資本的周轉

第一節　資本的周轉

(一)資本循環與資本周轉的區別

　　我們在前一章中，已經「考察了資本在其循環中所採取的各種形態以及這種循環本身所有的各種形態」；換言之，我們已經將貨幣資本、生產資本、商品資本以及這些資本的循環，在大體上研究過了。那麼，我們現在必須更進一步去研究《資本論》第二卷最重要部分的資本周轉以及它和剩餘價值的關係。

　　我們已經充分知道，資本制生產的決定性目的，在於增殖其投放的價值，無論這種價值是採取貨幣形態投放的，還是採取商品形態投放的（其價值形態在投放的商品價格上，只能在觀念上獨立），都沒有什麼分別。無論在哪一種場合，這種資本價值總是在循環中經過各種存在形態。無論採取何種的形態，總常是同一性的資本價值，這種事實，我們可以依據資本家的帳簿或計算貨幣形態，確實地知道。無論是「貨幣──商品……〔商品＋（商品）〕──〔貨幣＋（貨幣）〕」的形態，或是「商品……〔商品＋（商品）〕──〔貨幣＋（貨幣）〕，貨幣──商品」

的形態，總之在這些形態中，都包含著兩種事實：1.投放的價值作為資本價值發揮作用而增殖；2.投放的價值，在其過程終了後，又還原為過程開始那個時候的形態。換言之，1.實現生產過程中所生產的剩餘價值；2.還原為原來的資本形態。這種還原為原來資本形態的過程，就是資本的循環。

然則資本的周轉是什麼呢？資本的周轉，同時就是資本的循環。即是，「資本的周轉，時常始於將採取貨幣或商品形態的資本價值投放，經過循環後，終於將資本價值又還原為投放時的當初形態。」然而資本的循環，並非就是資本的周轉。

資本的循環，「不作為個別的事象而作為週期的過程來觀察的時候」，才成為資本的周轉。個別的資本家所投放於某種生產部門中的總資本價值，一旦完成其運行的循環後，便還原為最初的形態而可以再重複同一的過程。這是因為資本價值要永續地增殖自己，就非重複同一的過程不可的緣故。各個的循環，不過只是資本生涯中的不斷重複的一節或一期而已。在「貨幣 —— 商品……〔商品＋（商品）〕 —— 〔貨幣＋（貨幣）〕」期間的終了，資本這個東西又再採取貨幣資本的形態，（經過包含再生產過程或新價值增殖過程的一系列轉形形態），但在「商品……〔商品＋（商品）〕 —— 〔貨幣＋（貨幣）〕，貨幣 —— 商品（生產資本）」期間的終了，資本這個東西，則再採取可以成為其循環中更新的前提條件的生產要素的形態。不從個別的事象而從週期的過程來觀察的資本的循環，就是資本的周轉。換言之，不以個別的事象而以週期的過程來決定的資本的循環，就叫做周轉。即是，所謂資本周轉者，就是重複不斷的資本循環。因之，在資本循環重複不斷的場所，資本的周轉也就不斷進行著。

(二)資本的周轉期間（生產時間及流通時期）

以前曾經再三說過，資本為成為資本起見；換言之，資本為增殖價值起見，當資本循環或周轉一次的時候，它是將其一部分的時間耗於流通領域，一部分的時間耗於生產領域。我們現在用資本的一般公式，將其圖解如下：

貨幣——商品……〔商品＋（商品）〕——〔貨幣＋（貨幣）〕
流通　　生產　　　　　　　　　　流通

資本在其每一次的周轉中，耗於流通領域的時間叫做「流通時期」，耗於生產領域的時間叫做「生產時間」。流通時期和生產時間合而形成所謂資本的「周轉期間」。

這種周轉期間又是衡量資本週期的東西，即是衡量一資本由一循環期至下一循環期的時間的東西。

資本周轉速度的衡量是以一年為單位的。這大概是從某種自然原因而來的。所謂自然原因者，即是資本制生產的本家諸國，皆屬於溫帶地域，其最重要的土地生產物差不多都是年產物——一年只收穫一次的生產物。因此，如果某種資本的周轉時間是三個月，那麼，這種資本每年只周轉四次；如果周轉時間是十八個月，那麼，每年就只周轉三分之二。

然而，從資本家的立場看來，所謂資本的周轉時間者，是他為增殖價值並照原狀收回起見而投放其資本所不得不有的時間。因之，周轉時間愈快，則一定期間所獲得的剩餘價值愈多。我們在本章中所要研究的中心點，就是這種資本周轉對於價值增殖過程（即剩餘價值實現）上有怎樣的影響，因此我們以下必須先考

察影響資本周轉的各種事情。[1]

第二節　影響資本周轉的各種事情

(一)固定資本與流動資本的區別

　　資本在其一次的周轉中，有一部分時間是耗於流通領域，有一部分時間是耗於生產領域，已如上述。由是，左右這種周轉的事情，也自然是分成兩類的，一類是關係到生產時間的事情，另一種是關係到流通時期的事情。

　　第一件關係到生產時間或透過生產時間而影響到資本周轉的事情，即是固定資本與流動資本的關係。所以我們必須考察這兩種資本的區別。

　　當我們考察資本循環的時候，我們常常是將生產裝置當作經過一次的生產過程後，便將其全部價值轉移於生產物的東西來考察的，可是，這不過為研究的方便計所假定的而已，實際上，雖然生產裝置中有某種東西經過一次的生產過程後，便將其全部價值轉移於生產物，然而也有某種東西可以供幾次的生產過程之用，因此，只一部分、一部分將其價值轉移於生產物。關於這種事情，我們已經在本書第二篇第一章第二節第三項「勞動的價值轉移與生產裝置」中討論過了。如果在這裡還要加以說明，我們就將以前所說過的照抄如下。

---

1 所謂生產時間、流通時期、周轉期間，或生產期間、流通期間、周轉期間。名稱雖好像有點區別，其實意思是完全一樣的。

　　生產裝置的價值，前面已經說過，是再現於生產物上的，可是這種價值轉移的樣式，則因生產裝置之異而異。某種生產裝置，在一次勞動過程中，便失去了其獨立的形態，如原料及輔助材即是。別種生產裝置，在一次勞動過程中，尚能維持著其獨立的形態。照以前所舉的例來說，則所紡的棉花失去其形態，而紡的紡錘維持著其形態。前者每次在生產過程中，將其價值的全部轉移到生產物上，而後者只不過轉移其一部分而已。例如：此處有一部價值一千元的機械，在順利的狀態之下，可以消磨一千日，那麼，每一勞動日就應該有一元的價值轉移到用這部機械每一勞動日所造成的生產物上。

　　生產裝置中，那種經過一次生產過程後便將其全部價值轉移到生產物上的東西就叫做「流動資本」，那種只轉移一部分價值的東西就叫做「固定資本」。

　　然以前曾經說過，生產裝置這個東西，是由勞動對象與勞動工具二種而成的。以上所說的固定資本不外就是這種勞動工具（工場建築物，機械，器具等），而流動資本不外就是這種勞動對象（原料，輔助材）。換言之，固定資本的實質承擔者是勞動工具，流動資本的實質承擔者是勞動對象。

　　然則屬於生產裝置同時又屬於生產二要素之一的勞動力，是屬於以上哪一種資本呢？換言之，關於不變資本的生產裝置既如上述，那麼關於可變資本的勞動力是怎樣的呢？

　　可變資本的勞動力，不僅轉存它的價值於生產物上，並且還創加新價值於生產物上，這一點雖然和不變資本的生產裝置大異其趣，但它在一次生產過程後，便喪失其使用價值的全部，這一點是和生產裝置中的勞動對象沒有什麼分別的。由是，從這一點

來看，勞動力是和勞動對象一樣，同屬於流動資本的。

於是，嚴格來說，流動資本也應該分為兩種，1.可變流動資本（勞動力），2.不變流動資本（勞動對象），但是這種可變流動資本與不變流動資本的區別，在資本周轉上，並沒有什麼重要的關係。[2]

(二)固定資本及流動資本的周轉

然則生產過程中的固定資本與流動資本的關係，是怎樣影響資本周轉的呢？

照以上的說明看來，體現於固定資本中的資本價值部分，較之體現於流動資本中的資本價值部分停留於生產中的時間要長得多。換言之，固定資本部分的生產時間長，流動資本部分的生產時間短。

因之，固定資本部分的周轉較流動資本部分的慢，流動資本部分的周轉較固定資本部分的快。例如：流動資本只要周轉三個月便可以收回，而固定資本則要周轉五年才可以收回。

固定資本部分的周轉，也即周轉中所必要的周轉時間是包含著流動資本部分的幾次周轉的。所以固定資本部分周轉一次的時間，流動資本的部分就要周轉幾次。投放於固定資本的生產資本價值部分。是依著構成固定資本的生產裝置部分的全部功能時間

2　一般經濟學中的固定資本與流動資本的區別及用法，是和馬克思的區別及用法不同的。馬克思的固定資本與流動資本的區別及用法，已如上述，完全是關於生產資本的區別，而不是和生產資本對立的流通資本（即流通領域的資本而非生產領域的資本）。亞當‧斯密以來的一般經濟學者皆採取後者的區別及用法，但馬克思則完全與之相反。

而將其全部投放下去。即是資本家將這種價值整個投入流通領域。可是，這種價值，經過固定資本片段附加於商品上的價值部分實現後，才漸漸片段離開流通領域。在這個期間，固定資本部分沒有更新的必要。在這期間內，不必用同種類的新生產裝置來代替它；換言之，沒有再生產的必要，也不必從流通中離開它自身的更新要素，只是對於可以投入流通內的商品的形成，繼續貢獻著或大或小的期間。由是，在這期間內，資本家就沒有更新這種生產裝置的投資的必要。然而，流動資本則與此不同。流動資本的要素，也是持續固定於生產過程的東西，這一點與固定資本的要素並沒有什麼不同。而這種事情是使生產過程連續進行所必要的事情。不過，這種被固定的流動資本要素，是不斷以實物形態而更新著（勞動對象，以同種類的新勞動對象而更新，勞動力以不斷的購買而更新）的。總而言之，流動資本一方面繼續周轉幾次，而固定資本一方面則以同一的實體繼續發揮作用。

因此，體現於流動資本中的資本價值部分，可以在比較短的時間內，了結其周轉而重新又開始周轉，但體現於固定資本中的資本價值部分，則只能在流動資本每周轉一次即收回一部分價值經過若干次（有的幾千次）周轉後，才漸漸了結它的周轉一次而將其全部價值收回又重新投入於第二次的周轉中。

總之，資本中的流動資本部分，其生產時間短，因此周轉時間也短，資本中的固定資本部分，其生產時間長，因此周轉時間也長。因之，固定資本部分較之流動資本部分愈大，則資本中耗於生產時間的資本部分愈大，因此其周轉遲緩的部分也愈大。反之，其構成與以上相反，則結果亦與以上相反。

(三)勞動期間（工作期間）與資本的周轉

第二件關係到生產時間或透過生產時間而影響資本周轉的事情，即是勞動期間的長短。

所謂勞動期間者，是指在一定生產部門中完成其生產所必要的勞動日數的合計而言的。例如：以一日十小時的勞動時間完成某種機械必需百日間的勞動，那麼這種機械的勞動期間，就是一百日（即一千小時）。反之，以同樣一日十小時的勞動時間完成某種生產物，例如：玩具只需一日的勞動，那麼這種玩具的勞動期間，就是一日（即十小時）。

然則這種勞動期間，對於資本周轉有怎樣的影響呢？勞動期間的長短所影響的，以對於流動資本的周轉為主。為什麼呢？因為固定資本這個東西，投放於生產過程中的期間，較勞動期間要長得多，而在那期間中，沒有更新之必要的緣故。我們現在採取能夠在二十年中持續運作的蒸汽裝置例子來看看。無論這個蒸汽裝置是每日片段將其價值轉移於某一可分的勞動過程之生產物（如棉紗）上或是每百日間，將其價值轉移於連續百日間的一種生產行為（即某一不可分的勞動過程）的生產物（如機械）上，總之，對於購買蒸汽裝置所必要的資本周轉的速度上，即固定資本的周轉速度上，並未有何等變化。前者每日收回其價值，後者每百日收回其價值（合計較前者略大），這一點雖然有點不同，可是，無論前者或後者，總要二十年後才能將全部價值收回來。這一點完全是一樣的。因之，勞動期間的長短，並不影響固定資本的周轉。

然而在流動資本方面，這種關係便不同了。生產時間這個東

西，不僅包含勞動期間，並且還包含接下所述的「自然期間」，但也有某種生產部門不需自然期間的。總之，無論要不要自然期間，勞動期間延長，則生產時間也必然地延長，因此周轉期間也延長。即是勞動期間愈長，則流動資本的周轉愈慢。

並且，如果勞動期間延長，則同時投放的資本亦必須增大。勞動期間愈長，則勞動力及勞動對象（即流動資本）滯留爲勞動過程中未完成的生產物的部分愈大。如果我們拿前例來說，在棉紗製造方面，流動資本每日周轉一次；在機械製造方面，流動資本每百日才周轉一次（在這裡是暫時將流通時間除開不管的）。現在假定工資是按日支付的，那麼，棉紗製造者方面，只要預備一日的工資就行了，但機械製造者方面就必須預備一百日的工資。這不但對於勞動力如此，就是對於勞動對象也是一樣。因此，在流動資本方面，勞動期間愈長，則所要的投放資本就愈多了。

要之，在流動資本方面，勞動期間愈長，則周轉時間愈長；周轉時間愈長，則所要的投放資本愈多。

(四)自然期間與資本的周轉

第三件關於生產時間或經過生產時間而影響資本周轉的事情，即是自然期間。

勞動期間，一定是生產時間即資本停留於生產領域的期間；反之，資本的生產時間，並不全都是勞動期間。固然勞動期間占著生產時間的重要部分，但不是生產時間的全部。在勞動期間中，也有非生產時間的。生產時間內，因勞動過程的停頓而生的期間即是。在這裡所說的勞動過程的停頓期間，並不是以勞動力

本身的自然限制——睡眠、飲食、休息等——爲基礎的勞動過程的停頓期間（因爲這種停頓是包含於勞動期間之中的），而是完全離開勞動過程的期間獨立存在著的，即是「以生產物及生產的本身性質爲基礎的停頓期間」。換言之，就是生產物以未完成的形態而「委之於自然過程支配著」的期間，在這種期間內，未完成的生產物必須承受可以成爲完成生產物的各種變化（即物理的、化學的、或生理的各種變化）。

例如：造葡萄酒的時候，搾取了葡萄汁以後（即一定的勞動期間以後），先必放在那裡醱酵一會，然後放在那裡擱置一會。又如漆物製造及陶器製造，也有相當的乾燥期間。這種醱酵期間、擱置期間、乾燥期間等，是生產時間的一部而不是勞動期間。這就是自然期間。又如農產物及林產物，必須很長的自然期間，是很顯著的例子，在農產物方面，從播種期起至收穫期止，勞動過程幾已停頓，在林產物方面也是一樣，從栽苗或下種的時候起至伐木而成木材的時候止，差不多要幾十年，在這種期間內，是完全委之於自然過程的。

於是馬克思這樣說：「照上面說來，投放資本的生產時間是由兩部分而成的。其一是資本存在於勞動過程內的期間；其他是資本的存在形態——未完成的生產物的形態——不存在於勞動過程而委之於自然過程支配著的期間。」

生產時間這個東西，既然是由勞動期間與自然期間兩部分而成的，那麼，自然期間的長短影響於生產時間的長短，自不待言。因之，自然期間的長短，影響於資本周轉的速度，也是當然的。如果其他的事情不發生變化，則自然期間愈長，資本的周轉愈慢；反之，自然間期愈短，資本的周轉愈快。

(五)流通時期（售賣期間及購買期間）與資本的周轉

以上所考察的固定資本與流動資本的關係、勞動期間的關係，自然期間的關係等，皆是關係到生產時間或透過生產時間而影響資本周轉的各種狀態。

但如前所述，資本的周轉時間，是由生產時間與流通時期兩部而成的。因之影響流通時期長短的各種事情，也影響資本的周轉，自不待言。我們此後暫且考察關係到流通時期或經過流通時期而影響資本周轉的各種事情。

資本的流通時期，據資本的一般公式就可以知道是由購買期間與售賣期間兩部分而成的。將這種關係，以圖解之如次。

貨幣——商品…〔商品＋（商品）〕——〔貨幣＋（貨幣）〕

流通時期	生產時間	流通時期
（購買期間）		（售賣期間）

因之，流通時期的長短，是被購買期間與售賣期間的狀態而決定的。

而其中「從相對的方面來看最具決定性的東西」，是售賣期間，即生產過程中新生產的商品轉化為貨幣（貨幣資本）的期間。主要，「由於這種期間的相對長短為何，流通時期，因此得視周轉時間的全部或者延長或者縮短。」而使售賣期間生出差異的原因之一，即生產場所與售賣市場的距離。在商品從生產到市場之間，資本這個東西是被縛於商品資本的狀態之中的。但是決定售賣期間之長短的，還有一個重大的原因。在資本制社會中，大部分，商品就是到了市場，還須在市場中等待其買主，因此在

這個期間內，資本還須被縛於商品資本的狀態。所以，售賣期間，主要，是以以上所述的兩種事情決定其長短的。

然則購買期間這一方面如何呢？購買期間，是作爲資本的貨幣（貨幣資本）轉化爲用於生產的商品（生產資本）的期間。影響這種購買期間的原因之一，即是市場的遠隔。市場的遠隔，不僅影響售賣期間，並且也影響購買期間。此外，還有其他的原因，如欲購買的商品的供給時期、供給量，及選擇時間等。

要之，流通時期，由售賣期間與購買期間而成，而這兩種期間（尤其是售賣期間）的狀態，影響流通時期的長短，因之，也影響周轉期間的速度。

我們以上已經將影響資本周轉速度的各種事情考察完了。

第三節　資本的周轉對剩餘價值實現的影響

(一)周轉期間（尤其是流通時期）對於資本投放大小的影響

我們在前節中已經將影響資本周轉的各種事情研究過了，那麼，以下，我們必須將「周轉期間對資本價值增殖的影響」即對剩餘價值的影響，考察一下。

資本周轉期間的狀態，對於剩餘價值的實現之所以發生重要的影響，第一是和投放資本的關係；第二是和剩餘價值年率的關係。我們的考察，先從第一個問題著手。

資本的周轉時間愈長，則所需的投放資本的量愈大。其中關於以生產時間的長度爲基礎的投放資本之增大這件事，我們已經

在前節第三項「勞動期間與資本的周轉」中研究過了。所以我們在這裡只研究以流通時期的長度爲基礎的投放資本之增大這件事。

現在假定有一定的生產規模，因此有一定的生產時間的資本過程，例如：某種資本過程其勞動期間爲九星期，自然期間沒有，生產時間也爲九星期，而其九星期的生產所要的資本價值爲九千元，每一星期支出一千元（在這裡爲考察的方便計，假定資本只由流動資本而成）。更假定其流通時期爲三星期，由是周轉時間爲十二星期。

有時，九星期之後，投下生產資本即可以轉化爲商品資本，但現在卻有三星期停留在流通時期內，因之，如果不到第三星期，就不能再開始新生產時間。而生產這件事，也會停止三星期（全周轉期間的四分之一）。即從一年度看來，大概必須停止四分之一年度（即三個月）的生產。

然而要怎樣才可不停止生產呢？要不停止生產有二兩種方法。其一，縮小生產規模，將全體的資本九千元作用於十二星期內，即每星期支出七百五十元。然而這種縮小生產的方法，在競爭的關係上，大部分是不可能的。因爲大規模的生產較之小規模的生產很是有利得多。

如果以上所說的第一方法不可能，那麼，除開採用第二方法──增大投放資本額的方法外，別無他法。即是現在必須預備一萬二千元的資本。然有時在九星期的生產時間中轉化爲生產物的九千元，和新創造的若干剩餘價值，同時作爲商品資本而滯留於流通時期的三星期之間，可以追加投放三千元以進行第二次的生產，一直到以前的九千元和新剩餘價值一同再採取貨幣形態而

回到原有者的手中來的時候爲止，不停滯地持續生產。

　　要之，流通時期愈長，則有一定生產規模，由是有一定生產時間的資本過程所必要的投放資本則愈多。

　　這件事情是含有重大的意味的。即是，資本的周轉時間愈長，在實現一定的剩餘價值上，則所需的投放資本愈多。而這種事情，一方面意味著剩餘價值率即剩餘價值與投放可變資本（勞動力）的比率的減低，同時另方面意味著利潤率（下篇再加以說明）的減低。一言以蔽之，周轉期間愈長，而投放資本愈大，結果，資本家在剩餘價值的實現上所受的損失愈多。

(二)周轉途上投放資本的功能之交錯

　　如上所述，周轉期間一旦延長，則必須增大投放的資本，但在其周轉中，必須注意以下的事實。我們現在再據前例來考察一下（我們現在的考察是將一切信用制度除開不管）。

　　第一種事實，即是九千元原有資本的功能和三千元增加資本的功能，在第二次周轉以後，互相交錯著。

　　在由十二星期而成的第一次周轉期間，爲九星期的第一次勞動期間而投下的九千元資本的周轉，等到第十三星期開始的時候就終止了。而三千元的增加資本，在最終三星期內盡其功能，而開始九星期的第二次勞動期間。

　　然而等到進了第二次的周轉期間，第十三星期開始的時候，九千元又流回來了。而這流回來的九千元，又存在於可以開始新周轉的狀態中。但是，第二次勞動期間，已經以三千元的增加資本在第十星期開始了。即是在第十三星期開始的時候，已經完成了勞動期間的三分之一，而三千元已經從生產資本轉化爲生產物

了。因為要完成第二次勞動期間只要六星期，所以能夠跑進第二勞動期間的生產過程中的資本額，就只有九千元流回的資本的三分之二（即六千元）。由是，從最初九千元中「游離」出來的三千元的餘額所擔負的任務，就和先前三千元的增加資本在第一次勞動期中所擔負的任務一樣。在第二次周轉期間的第六星期之末，第二次活動期間也就終止了。投於這個勞動期間中的九千元的資本，三星期後即第二次周轉期間的第九星期之末，也就流回來了。而在其流通時期三星期之內，三千元「游離」了的資本，再開始發揮作用。這樣一來，在第二次周轉的第七星期即從最初計算起的第十九星期，九千元這一個資本的第三次勞動期間又開始了。

其次，在第三次周轉期間中，在第二次周轉期間的第九星期之末，九千元的資本又重新流回來了。但是，第三次勞動期間，早已在第二次周轉期間的第七星期就開始了，而已經過了六星期。即是第三次勞動期間只餘三星期。由是流回來的九千元之中，跑進生產過程中去的，就只有三千元了。而第四次勞動期間卻占著這次周轉期間的殘餘九星期。即是，在從最初計算起的第三十七星期，第四次周轉期間和第五次勞動期間都同時開始了。

要之，原有資本和增加資本，從第二次周轉期間起，就完全將其功能互相交錯著。

(三)周轉途上的資本休眠狀態

在以增加資本為必要的資本周轉中可以注意的第二件事實，即是造成以上之周轉的一部分資本必須重複處於休眠狀態中。

現在且據前例來看。資本家不欲停頓其生產的時候，對於必

要九千元的生產過程，必須預備一萬二千元。但其中三千元的增加資本，在最初九星期的勞動期間終了而三星期的流通時期開始的時候才成為必要的東西，由是在其間必須不作何等活動，即是必須處在休眠狀態中。然而一旦經過三星期的流通時期，即到了第十二星期終了的時候，九千元便收回來了，因其時已經在經過第二次的勞動期間，所以必要的資本只有對於其餘六星期的六千元。由是，剩下來的三千元又必須陷於休眠狀態中，這樣一來，在必要增加資本的生產中，一定額的資本，必須重複處於休眠狀態中。

並且資本處於休眠狀態中的這件事，也有因其他事情而發生的。資本家為一定勞動期間的生產而預備著一定的資本，其中一部分為原料及輔助材等的流動不變資本，其他一部分為勞動力的可變資本，這些東西，尤其如勞動力這類東西，不必在生產開始的時候就一次買來的，只要必需的時候去買就行了。因之，在其間，一部分的資本仍然處於休眠狀態中。

(四)周轉期間（可變資本）對剩餘價值年率的影響

資本的周轉期間對剩餘價值實現的第二個影響，即是我們以下所必須考察的可變資本的周轉期間對剩餘價值年率的影響。

我們久已知道，投放資本是轉化為生產裝置的不變資本及勞動力的可變資本的，而剩餘價值之所以產生，是以後者即可變資本的作用為基礎的。由是，在一次周轉中實現的剩餘價值率——即剩餘價值與可變資本的比率——如果是一定的，那麼一年間所實現的剩餘價值量由是剩餘價值年率，可變資本的周轉愈快則愈大，這是很明顯的。以下，我們來具體地考察一下。

　　爲避免考察的煩雜起見，假定流動資本完全是由可變資本而成的。即是「將和這種可變資本部分一同周轉的不變流動資本放在問題之外而來考察的。」這種考察方法，是我們以前屢次採用過的，在全部理論的結果上並沒有什麼不同的地方。

　　於是假定在這裡有甲、乙兩種僅由可變資本而成的資本。甲資本五千元，乙資本五萬元，剩餘價值率都是百分之百。又假定一年是由五十星期而成的，甲資本五千元、五星期周轉一次，乙資本五萬元、五十星期周轉一次。前者一年間可以周轉十次，而後者只能周轉一次。因之，縱然這兩種資本每星期所投放的資本額同是一千元，而其剩餘價值率也同是百分之百，但其剩餘價值年率即一年間的剩餘價值總額和投放資本的比率，甲資本爲百分之千，乙資本爲百分之百。換言之，甲資本以五千元的投放資本，每年可以賺得五萬元的剩餘價值，而乙資本以其十倍的五萬元的資本，每年只能和甲資本同樣賺得五萬元。即是，因爲其周轉期間不同，所以陷於以十倍的資本，每年只能賺得同一量的剩餘價值這種大受損失的地位。關於這個問題，我們還要研究一下。

(五)可變資本的周轉期間與剩餘價值年率的決定

　　經過一年後再來看的時候，無論是甲投放的資本或乙投放的資本，都仍是五萬元。甲將其五萬元分爲十次，每次投放五千元，而乙則將五萬元只作一次投放，只有這一點兩者不同，至於每年所投放的資本總額，兩者都同是五萬元，這一點並沒有什麼不同，因此，從一年間的投放資本這一點來說，剩餘價值的比例都是一樣的──五萬元對五萬元。然面在投放資本這一方面，甲

只要五千元就夠了，而乙則必需五萬元。然則為什麼前者只要五千元而後者必需五萬元呢？──不待言，這是由於其周轉期間大不相同的緣故。

甲資本家方面，因為只要五星期的周轉時間，所以在第五星期之末，先前投放的五千元的資本再又流回到甲的手裡來了，而他可以即刻將它放入第二次的周轉期間中。這樣一來，他可以用五千元的投放資本順次地經營十次的生產過程。但乙資本家方面，因為其周轉期間要一年，所以不能照甲資本家那樣做。他的投放資本五萬元要在第一年之末才能流回來。因此，無論怎樣，他在最初就必須預備五萬元。剩餘價值年率之所以各色各樣不同，即起因於此處。

所以，剩餘價值年率之不同，畢竟不外是「從周轉期間的不同；換言之，因一定期間內所投放的可變資本的收回價值，可以重新作為資本而活動（即可以成為新資本）的期間之不同而發生的」。[3]

總而言之，剩餘價值年率這個東西，是被可變資本的周轉期間的快慢而決定的，周轉期間愈快，一年間所實現的剩餘價值量愈大；周轉時間愈慢，一年間所實現的剩餘價值量愈小。

我們以上已經將〈剩餘價值實現之卷〉（《資本論》第二卷）大體研究過了，現在漸漸要突進到以《資本論》第三卷的中心思想〈平均利潤與生產價格〉為中心的問題來了，這個問題是馬克思經濟學中最難的問題，我們要勇敢地踏進馬克思經濟學中

---

3 據以上看來，剩餘價值率與剩餘價值年率是不同的東西，兩者只有在「資本一年只周轉一次的場合」才可以一致。

這個難題的地方——無論是馬克思學說的贊成者或反對者所集中
其批評之矢的地方。

第三卷

第五篇
平均利潤與生產價格
（剩餘價值分配之卷）

1 平均利潤與生產價格

第一節　剩餘價值的利潤化及剩餘價值的分配

(一)從抽象的世界到現實的世界

　　我們從〈剩餘價值生產之卷〉（第一篇，第二篇，第三篇）起到〈剩餘價值實現之卷〉止，是在抽象的世界中研究著的。在那裡，原則上，是常常以價值照著其原有價值作用於生產領域運行於流通領域之中的。這恰如在眞空界中觀察落下的法則一樣。這種觀察方法，在究明活動於現象背後之決定性根本的法則上，是必要的方法。先究明縱向方面作用著的決定性根本的法則，然後究明橫向方面作用著的輔助性次要的法則，這是正當的觀察事物的順序。而在以究明關於「剩餘價值分配」的諸問題爲主的本篇中，我們是在現實的世界中觀察的。即是，從抽象的世界、眞空的世界到現實的世界而在實際現象中研究橫向方面活動著的輔助性次要的法則。所以馬克思在考察關於「剩餘價值分配」諸問題的《資本論》第三卷的內文上這樣說：「（在本卷中）我們自然是找出了從全方位所考察的資本運行過程所發生的各種具體形態，然後加以說明的。各種資本，在其現實的運行中，或者爲直

接生產過程中的資本面貌或者爲流通過程中的資本面貌，只是表現爲特殊階段的各種具體形態而對立著的。所以在本卷中所說明的各種資本形態，是一步一步走進到這些形態在社會層面上顯現於各種資本相互的作用、競爭、生產當事者本身普遍的意識等之內的形態的。」

(二)剩餘價值的利潤化（附費用價格）

剩餘價值這個東西，單是由投放資本中的可變資本（勞動力）產生出來的，這是早已爲我們知道了的。然而，對於現實的資本家，多少可變資本產出多少剩餘價值是不成問題的，他的問題是要投放多少總資本（即可變資本加不變資本）產出多少剩餘價值。對於這投放總資本而被想到的剩餘價值，即是利潤。剩餘價值，可以作爲是投放總資本的這種觀念上的派生物，而轉化爲利潤的形態。即是，剩餘價值利潤化。所以，我們在這裡所說的利潤這個東西，和剩餘價值是同一的東西，不過神祕化了而已，乃資本制生產方法必然發生出來的一種形態。

例如：這裡有五千元的資本，其中四千元爲不變資本，一千元爲可變資本，剩餘價值率爲百分之百，由是剩餘價值爲一千元。那麼，這個場合對於其投放總資本五千元而被想到的剩餘價值一千元，即是利潤。

然而這個場合所生產的商品的價值爲六千元，即商品價值＝不變資本4,000元＋可變資本1,000元＋剩餘價值1,000元＝6,000元。如果從中取去了剩餘價值一千元，則剩下來的就只有五千元，而這五千元只能抵償投放資本五千元。換言之，只等於資本家所消費的生產裝置的價格和勞動力的價格之總和，因此，只能

抵償資本家本身所要的東西。這種生產裝置的價格加上勞動力的價格之總和，一般叫做「生產費用」，而馬克思將它叫做「費用價格」。

因之，「商品價值＝不變資本＋可變資本＋剩餘價值」這個公式，又可以用「商品價值＝費用價格＋利潤」表示出來。

(三)利潤率

資本家的問題，不是剩餘價值而是利潤，因此也不是剩餘價值率而是利潤率。

我們已經知道，剩餘價值率的公式，為 $\dfrac{剩餘價值}{可變資本}$。但利潤率，則完全與此不同。利潤率的公式，據以上的說明看來，為 $\dfrac{剩餘價值}{不變資本＋可變資本}$。即是剩餘價值對投放總資本的比率。單就這一點看來，也可以知道剩餘價值量和利潤量縱然是一致的——如後所述，利潤因受平均利潤化作用的結果，在許多場合，必然不能和剩餘價值在量方面上一致——但剩餘價值率和利潤率是完全不同的。

據前例而言，投放總資本額為五千元，其中不變資本四千元，可變資本一千元，剩餘價值一千元，由之利潤也為一千元。這個場合，剩餘價值率為1,000：1,000元（百分之百），而利潤率為1,000元：5,000元（百分之二十）。

(四)剩餘價值的分配

在現實的社會中，剩餘價值是利潤化而顯現為利潤的。剩餘

價值與利潤的關係，恰好等於價值與價格的關係（參照第一篇第一章第三節第五項「價格」）。關於這些事情，等到我們以後研究平均利潤及生產價格的時候，是可以肯定的。總之，現實的資本家的問題，在於利潤，而現實的資本家可以經過這種利潤的形態而接受剩餘價值的分配。

社會總體的剩餘價值，首先在投放各種相異生產部門的各種資本家之間，作為其各個的利潤而被分配。換言之，社會總剩餘價值，採取利潤的形態而先分配於無數的產業資本之間。

其次，作為各利潤而分配於產業資本的剩餘價值，又分成商業利潤、利息、企業者的利得等。我們已經知道商業資本及付息資本是分擔著產業資本的一種功能的，而這兩種資本因之要參與產業資本所生產的剩餘價值的分配（參照第四篇第一章第一節第四項「產業資本與商業資本及付息資本的關係」）。商業資本所得著的分配，即是商業利潤；付息資本所得著的分配，即是利息。此外，產業資本所生產的剩餘價值，對於企業者，又分配以企業者的利得。總而言之，作為各種產業的各個利潤的剩餘價值，還須分配於商業資本家、放息資本家、企業者等之間。

而且，另方面在農業中，利潤又作為地租而分配於地主。利潤是剩餘價值轉化了的形態，而地租又是利潤（嚴格地說，是剩餘利潤）再轉化了的形態。即是地主在利潤轉化了的地租形態上參與剩餘價值的分配。

馬克思在《資本論》德文原本第三卷上下約八百七十頁中曾費了後半約五百七十頁，專門研究以上所述的利潤的分化形態及轉化形態的各種問題，但在我們這本書的研究中，只要知道上面所說的大概情形就行了；要之，只要知道剩餘價值或者採取利潤

的形態，或者採取利潤的分化形態及轉化形態而分配於各種資本
家之間就行了。

第二節　平均利潤與生產價格

(一)資本的構成

　　我們往後更加走近了我們研究的目的──平均利潤與生產價
格的問題。

　　照前節說來，利潤率是剩餘價值對投放總資本的比率。因
之，剩餘價值率縱然相同，如果資本的構成不同（即可變資本量
同一而不變資本量相異的構成），則利潤率也當然不同。

　　然資本的構成，是由各生產部門的技術性質不同而發生的技
術上的發展程度之異而異的。這就叫做「資本的有機構成」。馬
克思說：「被資本的技術構成決定而反映其各種變化從這一方面
來看的資本的價值構成，就叫做資本的有機構成。」所以，不變
資本的百分率比社會的平均資本大而可變資本的百分率比社會的
平均資本小的這種資本，叫做「高級構成的資本」，反之，不變
資本相對小於社會的平均資本而可變資本相對大於社會的平均資
本的這種資本，叫做「低級構成的資本」。最後，其構成和社會
的平均資本一致的資本，叫做「平均構成的資本」。即是，在資
本中，從其有機構成的一點來看，有「高級構成的資本」、「低
級構成的資本」、「平均構成的資本」三種。

(二)資本的構成對利潤率的影響

　　然則，以上所說的構成上的差異，對利潤率，會有怎樣的影響呢？以下，我們從具體方面來加以考察。

　　假定這裡有三種企業是屬於各異的生產部門。第一種企業，技術程度落後，使用機械的數目比使用勞動者的人要少，也沒有建築大工場的必要，即是它的有機構成是屬於低級的。其次，第二種企業是屬於所謂平均構成的。最後，第三種企業，生產技術非常發達，每一個勞動者所屬的機械及建築的價值很多，即是它的有機構成是屬於高級的。又假定以上三種生產部門，其剩餘價值率都一樣，而投放資本的全部，每年只周轉一次：即投放資本的全部消費於一年間的生產而其生產物要到年終才能全部售脫。

　　更假定這三種企業所僱用的勞動者，都是一百人，其每年的工資都是一千元，而剩餘價值率都是百分之百。然因這三種企業所支出的工資總計，即可變資本的總計都是十萬元，所以剩餘價值總計也都是十萬。不過，不變資本這一方面，三者是不相同的，第一種企業為十萬元，第二種企業為三十萬元，第三種企業為五十萬元。即是它們的有機構成，是彼此不相同的。現且以圖表解之如下。

企業	資本			剩餘價值	剩餘價值率	利潤率
	可變資本	不變資本	合計			
第一	100,000	100,000	200,000	100,000	100%	50%
第二	100,000	300,000	400,000	100,000	100%	25%
第三	100,000	500,000	600,000	100,000	100%	16%
合計	300,000	900,000	1,200,000	300,000	100%	25%

所以，有機構成相異的時候，剩餘價值率就是相同，利潤率也是顯然不同的。據上表，在第一企業中，利潤率為百分之五十，第二企業為百分之二十五，第三企業為百分之十六，有種種的不同。

(三)資本的自由競爭

然而在資本制經濟方法之下，以上所述的差異，在實際上，是絕不能永續的。原來資本家之所以從事生產，為的是想得著利潤，並不是想得著使用價值。無論資本家生產什麼東西，或是縫針，或是動力車，或是靴油，或是香水，這從資本家本身的立場來看，是沒有什麼區別的。從他的立揚來看，只要儘量地得著多額的利潤就行了。對於資本家，利潤是目的，而選擇某種生產部門不過是其手段而已。如果由他去選擇，那麼，無論什麼手段，只要是有效的手段就得了。

但是，如果某一生產部門可以得著百分之五十的利潤，其他生產部門只能得百分之十六‧七的利潤，那麼在這個場合結果應該如何呢？資本就會儘量地避開後者而以全力集中於前者。於是，其結果，第一企業便成了激烈競爭的，而這一部門的商品生產急劇地增大了。反之，第三企業競爭減少而其商品的生產減退。換言之，生產部門中的利潤率的相異，引起了急劇的資本移動及資本配置的變化。

(四)需求與供給的關係

照這樣說來，我們所研究的問題又走進了需求與供給的範圍。我們久已知道價格是被價值決定的，但兩者是完全不同的東

西。使商品的價格有時較價值大、有時較價值小的最重要之原因，即是購買者的需求與售賣者的供給之關係的變動。

立於自由競爭制度之下的今日的生產方法，是被需求與供給的關係統制著的。在自由競爭制度之下，社會的生產，並沒有什麼社會計畫的統制，而是被以自己的利益為目的分立割據的個人或團體自由處理的。換言之，在資本制社會中的社會生產，是被以自己的利益為目的而非以社會全體的利益為目的的個人或團體的私人企業所壟斷著。這就是自由競爭制度。在這種社會中，生產或經濟，多少不得不是無政府的亂雜無章。統制著今日這種無政府的亂雜無章的經濟方法的，即是需求與供給的關係，如果沒有這種需求與供給的統制，則這種經濟方法就會即刻陷於不可收拾的無政府的狀態中。需求與供給的關係，將現存的資本，儘量適當分配於各種生產部門，無論哪一生產部門，在一定的狀態之下，都好像只生產社會所要求的物品似的。

然而資本家預先正確地測知社會的需求與供給關係，然後來經營生產這件事，差不多是不可能的。在今日這種無政府的無計畫生產方法之下，許多場合，生產部門中的商品生產，不是過多便是過少，到生產了以後，由於需求與供給關係的作用，價格或者低落或者騰貴的時候，才能照著社會的欲求或者縮小生產或者擴大生產。

在自由競爭制度的社會中，需求與供給關係的變動，喚起價格的變動，需求較供給大則價格騰貴，供給較需求大則價格低落。價格的增減，又必然引起利潤的增減，而利潤的增減更引起資本的移動。因之，需求與供給關係，會時常將自由競爭制度之下的生產適當統制於其本身之中。

(五)平均利潤率的成立

如上所述，引起資本移動，統制資本制生產的，是這種需求與供給的關係，而需求與供給關係在作用過程中呈平均利潤化的現象也就因之發生了。

即是，現今在一定的價格標準（終究是價值所決定的）之下的某種商品，因其生產超過了具有社會購買力的需求，所以價格低落，縱然同時可以購買而且購買這種商品的人數增大，但利潤是和價格的低落一同減少的。如果減少到不及其他生產部門中之利潤平均的程度即平均利潤以下，那麼資本便很快地離開這一生產部門而生產範圍也就因之縮小。由於縮小生產範圍而價格又再上騰，於是達到相當於平均利潤的水準點。反之，如果某種商品的生產降低到購買者的需求程度以下而價格因之上騰到以上所說的水準點，那麼，利潤也就增進了。於是資本便爭先恐後地流進這一生產部門。如此，生產範圍擴大，結果，價格又下落到產生平均利潤的水準點。——這就叫做「平均利潤化的作用」。

物價是不絕地上下於以上所說的水準點之間的。有時在其上，有時在其下。但常常總是想和水準點一致而上下著的。

適應於利潤的平均化，利潤率也當然平均化。

據前例看來，第三企業生產減少，價格騰貴，因此利潤也增大；反之，第一企業生產增大，價格下落，因此利潤也減少。這種相互逆反的傾向，一直要持續到兩者的利潤相傾而達到利潤率總體的平均水準的時候。我們先已假定第二企業的資本代表著平均構成，因此其利潤率也就代表著平均利潤率。於是這三種企業的利潤率及利潤，便如以下的圖解。

企業	總資本	剩餘價值	剩餘價值率	利潤率	利潤
第一	200,000	100,000	100%	25%	50,000
第二	400,000	100,000	100%	25%	100,000
第三	600,000	100,000	100%	25%	150,000
合計	1,200,000	300,000	100%	25%	300,000

即是，第一企業利潤爲五萬元，第二企業利潤爲十萬元，第三企業利潤爲十五萬元，而利潤率三者皆爲百分之二十五。

(六)生產價格

利潤率的這種平均化，只有商品價格離開商品價值這種事實存在才可能。然而據我們以前的假定，投放總資本每年周轉一次，而其價值在每年中全部體現爲生產物，所以各企業每年生產物的價格對於價值的關係，便如下表。

企業	總資本	剩餘價值	生產物的價值（即加剩餘價值於費用價格之上的東西）	利潤	總生產物的生產價格（即加利潤於費用價格之上的東西）
第一	200,000	100,000	300,000	50,000	250,000
第二	400,000	100,000	500,000	100,000	500,000
第三	600,000	100,000	700,000	150,000	750,000
合計	1,200,000	300,000	1,500,000	300,000	1,500,000

即是，第一企業中包含三十萬元價值的生產物，現在只有二十五萬元的價格；第二企業包含五十萬元價值的生產物，現在

仍有五十萬元的價格即價格和價值一致；第三企業包含七十萬元
價值的生產物，現在卻有了七十五萬元的價格。如果將以上三種
企業每年的生產物各分為一萬個，那麼，關於各個商品的價值和
價格，便如下表。

企業	價值	生產價格
第一	30	25
第二	50	50
第三	70	75

　　即是，第一企業值三十元的物品，只能賣二十五元；第二企
業值五十元的，仍能賣五十元；第三企業值七十元的物品卻能賣
七十五元。

　　現實的資本家大部分是不能照著價值取得其生產的剩餘價值
的。能夠照著價值取得其剩餘價值的這件事，只有在資本制生產
的初期，或者今日新成為資本制生產方法支配之下的地方及生產
部門才可能，在資本制生產方法已經發達了的地方，傳來的平均
利潤率已經形成，資本家從最初起就是以此平均利潤率為計算的
基礎而定其價格的。雖是這樣說，但那些資本家並非不希望得著
平均利潤率以上的利潤。他們會等著一切的機會在以上所說價格
以上出賣其生產物。如果他們只能在這種價格以下出賣其生產
物，即是如果他們只能得著平均利潤以下的利潤，那麼，他們就
以為是他們的損失。然而大體上，這種平均利潤率總是資本家計
算其生產物價格的基礎，這件事是不必爭論的。由此而發生的價
格——在生產費用（費用價格）上加上所謂世間普遍利潤（平均

利潤）而成的價格——在資本家的眼裡，顯現爲「自然價格」，而馬克思將它叫做「生產價格」。

於是，生產價格的公式便如下：

$$生產價格＝可變資本＋不變資本＋平均利潤$$
$$＝費用價格＋平均利潤$$

然而商品價值的公式，乃商品價值＝不變資本＋可變資本＋剩餘價值＝費用價格＋剩餘價值，所以只有在剩餘價值和平均利潤一致的時候，商品的價值才能和價格一致。

(七)市場價值及市場價格

在資本制生產方法發達了的地方，以上所說的生產價格便形成市場價格——市場中普通一般的價格——的水準，而市場價格由於需求與供給關係的影響，不斷上下於這種水準之間。

然而市場價格這個東西，在和生產價格一致化的某階段上，是被市場價值左右的。然則馬克思所說的市場價值到底是什麼東西呢？「市場價值者，可以視爲是一生產部門中所生產的商品的平均價值，另方面又可以視爲是一生產部門中，平均條件之下所生產而形成這一部門生產物之大部分的商品的個別價值。」即是，生產價格乃各種生產部門所決定的標準價格；反之，市場價值乃僅一生產部門所決定的標準平均價值。而「這市場價值是形成市場價格——同種類的商品都是一樣——的擺動中心的東西，」市場價格首先上下於市場價值的標準線之間。而生產部門中各個商品的個別價值，有的在市場價值以下（換言之，其生產上所要的勞動時間較之被市場價值所表示的要少），有的在市場

價值以上。

　　然而等到一切生產部門都有了資本的自由競爭，市場價值這個東西，便被生產價格取而代之了。而生產價格的本身，又成了每日市場價格的周轉而且在一定期間平均化的中心。競爭這件事，首先在一生產部門中，將其商品的各種個別價值平均化而成立等一的市場價值以及市場價格。然而等到各種生產部門中都發生了資本的競爭，於是在這裡才發生使各種生產部門間的利潤率等一的生產價格。後一過程，較之前一過程，須要資本制生產方法發達到了更高程度才有可能。

　　總而言之，在某種發展階段上，市場價格是以市場價值為中心而周轉的，然等到資本制生產方法發達了以後，市場價格便以生產價格為中心而周轉。

第三節　反馬克思價值說的無稽

(一)所謂勞動價值說和生產價值說矛盾的學說

　　我們已經將《資本論》第三卷的中心思想「平均利潤與生產價格」的論旨大體研究過了，此後，我們暫且看看以這個問題為中心或和這個問題直接、間接發生關係的各種反馬克思價值論的學說，以確定我們對於馬克思價值論的綜合理解。

　　我們首先要舉出來的，即是以馬克思的勞動價值說乃至剩餘價值說（《資本論》第一卷）和平均利潤說乃至生產價格說（《資本論》第三卷）為完全矛盾的學說。

　　馬克思價值說的反對論者總喜歡這樣主張著：馬克思自己將

他在《資本論》第一卷所展開的理論在《資本論》第三卷中完全顛覆了。為什麼呢？因為他在第三卷中，證明在資本制生產方法發達的地方，基於利潤平均化的傾向，許多商品的價格離開了它們的價值，即是這些商品的價格有一半永續地上升到其價值以上，有一半降落到其價值以下的緣故。

無論怎樣，如果馬克思說過價格是離開價值獨立的，那麼，他就顛覆了他自己的價值說。但是他不但沒有這樣說過，並且在第三卷中，他還證明成為市場價格上下運行之中心的生產價格是完全被價值法則所左右的，沒有價值法則即不能加以說明。我們久已知道，使生產價格離開價值的要因是平均利潤。但是這平均利潤也只有根據剩餘價值的法則才可以說明。而剩餘價值的法則，又是從價值的法則中產生出來的，如果我們假定現存於社會中的剩餘價值的總量和利潤的總量是同一的東西，那麼，我們就失掉了可以說明為什麼在一定的狀態下，平均利潤率有一定的大小的一切根據。

在資本制生產方法發達的地方，由於平均利潤率及其所依存的生產價格而在價值和價格之間發生新的中間要素，這種事實仍然不能廢除商品價值的法則。這恰如物體在水中落下較之在空中落下所遇著的抵抗更多，但不能因此便否定落下法則的適用一樣。

馬克思的生產價格說，和他的價值說及剩餘價值說，有密切不可分離的關係。生產價格說及剩餘價值說，與其說是不合理的東西，不如說是很完美的東西。

(二)混淆使用價值與價值的反對說

第二要舉出來的，即是因混淆使用價值與價值而反對馬克思勞動價值說的學說。

許多經濟學者想從物品的效用方面來說明價值。即是效用愈大，價值愈多。如果他們所說的價值是使用價值，那是不錯的；如果他們所說的價值是交換價值，那就謬誤了。

物品的使用價值即效用，只能表示消費者個人和這種物品之間的關係，而不能表示社會關係即二個人之間的關係。恐怕有人會這樣說，效用相等的物品以同一的份量而交換。但是，交換及買賣這件事，原來是立於當事者互相提供對於自己沒有什麼使用價值、沒有什麼效用的東西這種事實上的。關於這種事實，我們已經再三研究過了。

兩種相異的使用價值的效用，是不能互相比較的，因為它是不能用科學方法來計算的。例如：賣籃子的提供一個籃子而接受五個麵包，便說一個籃子較一個麵包有五倍效用，即是有五倍價值，這一點是錯誤的。如果賣籃子的餓得要死，則一個麵包的效用，就不僅只有一個籃子的效用的五分之一，恐怕有其無限倍。所以，相異商品的效用，終究是不能互相比較計量的。

固然，同一種類的商品，可以確定其使用價值的大小，這是事實。耐用的靴子較之不耐用的靴子，其使用價值大。由是，如果我們帶的貨幣夠多，就會買那種使用價值較大的靴子。同是一瓶酒，好酒一瓶較之壞酒一瓶，無論使用價值或交換價值都大。因此，使用價值，就好像是商品價值的一種要素。

但是，這種事情不過好像而已。其實，如果較大的使用價值

生出較大的價值，那麼就發生了這種問題——爲什麼各生產者不專造上等物品呢？爲什麼一切賣籃子的不專做上等籃子呢？一切賣酒的不專造上等酒呢？這個答覆，是很簡單的。即是，製造上等貨品，必需上等原料：製造上等原料，必需更多的勞動和貨幣。並且上等原料也許是更優良的勞動的結果即支出更多的平均熟練勞動的結果。上等靴子之所以價貴，完全是這種原因，並不是使用價值大的緣故。我們有句俗語，「最貴的東西是最便宜的東西」，這句話的意思即是說上等物品較之下等物品其價值雖然大些，但其使用價值更大。十二元一雙的靴子恐怕較十元一雙的靴子耐用兩倍。

並且也有一種商品，因爲只有在一定的場合才能生產，所以價貴。在這個場合，是不能適用價值法則的。爲什麼呢？因爲在這個場合已有獨占這種事實發生的緣故。而價值法則，是以自由競爭爲前提的。在同一種類商品的範圍內，品質的差異決定價格的差異，而價格的差異是以勞動支出的差異或獨占關係爲基礎。

(三)混淆價值與價格的反對說

第三要舉出來的，即是因混淆價值與價格而反對馬克思勞動價值說的學說。

許多經濟學者，往往混淆價值與價格，想從需求與供給關係來說明價值。但是需求與供給關係，原來不能說明爲什麼某特定商品的價格常常平均較其他商品的價格要貴若干的關係（即價值關係）。例如：一盎司的金子爲什麼數百年間則是相當於一盎司銀的平均十三倍，這種理由是不能用供給與需求的關係來說明的。所以，如果要從需求與供給的關係方面來理解各種商品的永

續價值，那就不得不求之於勞動價值說。

對於一種商品爲什麼要比其他商品永續價貴若干的問題，需求與供給論者這樣回答說──這一方面的商品，較爲稀少，因之其供給永續比較其他商品的供給要少。但是，搬運與不稀少商品等量的稀少商品到市場上來，必要更多的勞動。一盎司的金子之所以有等量銀子的十三倍價值，固然是因爲金子比銀子稀少十三倍的緣故，但也是因爲生產一盎司的金比生產等量的銀子要多十三倍勞動的緣故，這兩種原因差不多是沒有什麼區別的。原來，在市場上對於商人發生利害關係的，單有商品的價格，至於這種商品是怎樣得著的，對於商人是不成問題的。但是，如果學者們不囿於商人的見解，更深一層去研究，探求出現於市場上的商品，是怎樣生產的，那麼，他們就會知道，商品的價值是在生產過程中決定的，即是它的價值不是在市場中締造出來的而是在工場中創出來的。然而對於布爾喬亞的學者們，市場方面較之工場方面，關係還是密切些，所以他們當然不能理解勞動價值說。

在市場中，價值不過變成貨幣或價格而已。資本制經濟方法愈是進步，則工場與市場之間，生產者與向消費者供給商品的售賣者之間，愈加發生許多中間環節。結果，就會有現實的價格，與理論上所決定的價值之懸隔愈大的情事。然而這種事實，絕不妨礙決定商品價值的是生產條件，而價格（無論是怎樣間接的）是被生產條件決定的這種理論。

(四)混淆價值與生產價格的反對說

第四要舉出來的，即是因混淆價值與生產價格而反對馬克思

勞動價值說的學說。

實際從事生產事業的資本家，自己以生產條件爲基礎而決定商品的價值。不待言，他們所說的價值這個東西。並不是商品生產上所要的社會必要勞動時間，而是在生產費用（費用價格）上加以平均利潤的東西，即馬克思所說的生產價格。

許多的學者，也倣效資本家，說價值是被生產費用決定的。但是，從實際的資本家看來是對的東西，在我們看來卻是完全無意義的。因爲我們的目的，不是在計算各處的平均價格，而是在追溯資本生產方法的社會過程一直到其最終的原因爲止。

首先我們要問問，生產費用是什麼？生產費用，是一定額的貨幣，由是，生產費用這個東西，是以貨幣爲前提的。所以，以生產費用決定價值這件事，不是以價值來說明貨幣，而是以貨幣來說明價值。這完全將首尾顛倒了。生產費用是一定量的價值。即勞動力的價值（工資），生產裝置的價值及利潤的價值之總和。所以，如果說生產費用決定價值，那就無異說價值決定價值。總之這種價值決定法則已陷於循環論中了。

假定有一個務農兼營機織業的農民，他自己製造一切必需的東西，無論是生活物資，或紡織用的亞麻，都是自己製造的。他並且自己用木材製造織布機。在這裡還有他的生產費用的存在餘地嗎？他並沒有支出什麼貨幣。他的生產物，對於他只要求勞動。除勞動而外，什麼其他的東西也不要。

現更進一步去考察更高級生產階段的手織業者。等到進了這一階段，就已經要支出貨幣了。他必須購買機械、紗，以及生活物資。這些東西便成了他的生產費用。然他果然依照這種生產費用去計算他所生產的麻布的價值嗎？如果他能夠這樣，那麼他的

手工業就沒有這樣著名的「黃金地盤的」名聲了。即是他會不能得著可以貯蓄的剩餘。無論他一日勞動四小時或十二小時，可以相當於他的生活物資及其購入的機械並其他的生產費用部分，是一樣的。因為這種生產費用部分是一樣的，所以他不會將十二小時的生產物的價值算得比四小時的高嗎？不，他一定會在生產費用上，還加上他本身的勞動，作為是價值形成的要素。

　　更進而到了資本制生產方法的階段，事情更不同了。即從資本家看來，生產物並不要什麼勞動，只要貨幣就夠了。他不僅用貨幣支付生產裝置，並且也用貨幣支付勞動。所以從資本家的立場來看，一切生產條件完全歸之於貨幣支出了。在他的眼裡，貨幣支出便成了價值形成的要素。然而如果說他的生產物的價值，只等於他在其生產上所支出的貨幣額，那麼他就會現出一副驚訝的面孔來。他不僅是以收回在生產上所支出的貨幣額為目的而經營生產，他還要得著利潤。他之所以不將貨幣用之於享樂而用之於生產的緣故，完全是想得著利潤。因此，他在生產費用上還加以「世間普遍」的利得。這樣被決定的價格，即是為避免使他的勞動受損失起見，所不得不達到的最低價格。

　　從資本家的見解來說，利潤這個東西，是決定生產物價值的生產費用的一部。但是這種價值，不外就是馬克思所說的生產價格。而生產價格這個東西，只有根據價值法則才能理解。

(五)沒落到非科學的迷論

　　據以上看來，反對勞動價值說的價值說所高唱的價值這個東西，實在就是使用價值，就是價格（市場價格），就是生產價格，總而言之，都不是價值。

　　固然，有人說以什麼東西當作價值，完全是學者的自由。他說，我們只要就那些學者們所解釋為價值的，討論他們的說明是否妥當就行了。無論他們所說的是使用價值，或是價格，都不必去管它。

　　但是，這種見解，無論在其他的什麼科學中，都會完全將它作為是非科學的東西，而不去認真研究。例如：關於原子說，如果有人說以什麼東西當作原子完全是學者的自由，會怎樣呢？如果有人說，以分子為原子也好，以細胞為原子也好，只要他所討論的實在是原子說或細胞說，就行了，又會怎樣呢？原子的問題，不僅是一個名稱的問題，也並非無論什麼東西都可以如此叫的名稱問題。它是關於一定過程的問題。闡明這個過程，即是原子說的任務。而這個過程，又是分子及細胞的形成的基礎。我們贊不贊成原子說，是我們的自由。即是，用原子說來說明這種過程呢，還是用其他學說來說明，完全是我們的自由。但是，無論用什麼學說來說明，對象的過程總必須是同一的東西。據原子說來說，所謂分子，所謂細胞，究竟都是被原子的堆積所決定的過程中的產物。如果將這個產物叫做原子，那就是科學上的一大錯誤，一大迷思。

　　同樣，以什麼東西當作價值，完全是學者的自由的這種議論，已沒落於非科學的迷思中了。各種價值說所要說明而且不得不說明的過程，即是商品和商品交換的過程。各種價值說所要說明而且不得不說明的社會關係，即是互相交換商品的商品擁有者和商品擁有者的社會關係。說「以什麼東西當作價值是自由的」這句話的時候，科學還沒有成立。這種說法，也許為娛樂起見，是可以的，但對於人類的生活並沒有什麼好處。

2 資本制經濟組織之必然的崩壞

第一節　資本制經濟方法必然走到窮途的兩個原因

(一)利潤率減低的法則

　　我們的馬克思經濟學的研究，漸漸地達到了終局，同時我們所研究的資本制經濟方法，及資本制經濟組織也漸漸地要完結了。最後在這裡，我們要看一看馬克思經濟學的科學預言——資本制經濟組織之必然崩壞理論的大略（因受頁數的限制，不能詳言），以終結我們的《資本論》的研究。

　　資本制經濟方法，是自己走上必然窮途或崩壞的道路上去的；換言之，是自己走上死路上去。為什麼這樣呢？這不外以下的兩種原因。

　　其一，乃利潤率降減的法則，即利潤率隨著資本制經濟方法的發達而更加降減的法則。

　　我們在前章第二節中已經知道，資本的構成有三種：1.低級構成，2.平均構成，3.高級構成，而資本的構成愈是進於高級，則利潤率愈是降減。然在資本制生產方法中，由於必須不斷增進勞動生產力的結果，必然使資本的構成更加進於高級。因欲

增進勞動生產力，必需價值更大的勞動工具（機械及其他），又因勞動生產力增進的結果，必需更多的勞動對象（原料及其他），約言之，勞動生產力一旦發達，同時所必要的生產裝置（不變資本部分）較之勞動力（可變資本部分）的比例更多。而資本的構成漸漸進於高級構成這件事，即是利潤率漸漸降減的意思。

「假定資本構成的遞次變化，不僅發生於個別的生產部門內，並且也發生於一切的生產部門內（或者只發生於具決定性各生產部門內），甚至包含著屬於一定社會的總資本的有機平均構成上的各種變化，則不變資本較可變資本遞增這樣的事，在剩餘價值率（即資本搾取勞動的程度）沒有變化的範圍內，必然造成一般利潤率遞減的結果。」要之，隨著資本制生產方法的發達，利潤率更加降減，這件事是「資本制生產方法本質上自明的一個必然。」

利潤率遞次降減這件事，對於資本制生產方法乃至資本制經濟方法，結果有什麼意義呢？我們暫且將這個結論放在後面再說，先來看看資本制經濟方法必然崩壞的其他一種原因——銷路欠缺化的法則即擴張再生產不可能的法則。

(二)銷路欠缺化的法則

資本制經濟方法必然崩壞的另一種主要原因，即是銷路欠缺化的法則。即隨著資本制生產方法的發達，銷路已漸次不能和生產並行擴大，因之，擴張的再生產已漸漸不可能了的法則。

我們已經在第三篇第二章第二節「剩餘價值的資本化（擴張再生產）」及第四篇第一章第二節第二項「生產資本的循環」

中，充分研究過擴張的再生產是怎樣的東西。所謂擴張的再生產，即對於原規模的再生產或單純再生產而言，規模擴大了的再生產的意思。所以，要擴張的再生產能夠圓滑進行，必須不斷擴大所生產的商品的銷路。換言之，要擴張的再生產能夠無限持續進行，所生產的商品的銷路也非無限擴大不可。

　　然而商品的銷路，結果被社會的消費力所決定，而社會的消費力，又被現存社會中種種條件所限制，有一定的界限性。生產物的實現（即商品的銷路），被各種生產部門間的均衡與社會的消費力所限制，而決定這種消費力的，既不是絕對的生產力，也不是絕對的消費力，而是立足於矛盾的分配事情之上的消費力。多數民眾的消費，被這種消費力縮小到只能在狹隘的範圍內伸縮的最低界限內。社會的消費力，又被蓄積的衝動即希望增大資本與產出規模擴大的剩餘價值之衝動所限制。這種事（中略）是資本制生產的法則。

　　要之，銷路或市場，終究不能和持續擴張再生產的可能並行，必然非走到欠缺狀態的窮途不可，因之，擴張再生產也漸漸不可能了。

第二節　資本制經濟組織之必然的崩壞

(一)資本制經濟組織之必然的崩壞

　　於是，我們更加達到所期的終局了。

　　以上所說的利潤率降減的法則及銷路欠缺化的法則，對於資本制生產方法，有什麼意義呢？所謂利潤率降減；換言之，即是

剩餘價值的生產及實現漸次減少、漸次困難；所謂銷路欠缺化；換言之，即是剩餘價值的生產及實現漸次困難、漸次不可能，一言以蔽之，兩者皆使資本的增殖漸次困難、漸次不可能。

然而，如前所述，資本的增殖，是資本制生產方法的動機和目的，資本家的生產方法所據以成立的基礎。剩餘價值不能存在的地方，資本也不能存在，資本家更不能存在。

但是，現在可以說資本制生產方法及經濟方法，其本身必然的結果，資本的增殖已漸次困難、漸次不可能了。這種事情，不是資本制生產方法及經濟方法自己必然走到窮途、必然崩壞的意思嗎？

是的，一點也沒錯。「資本制生產方法的眞正限制者，就是資本自己。」而資本制經濟組織的破壞者，也是他自己。[1]

(二)到社會主義經濟組織之必然的展開

既然資本制生產方法及經濟方法，必然非走到窮途不可，資本制經濟組織，必然非崩壞不可，那麼，以後會發生怎樣經濟組織的社會呢？

這個問題，只要根據我們以上的研究，就可以明白。原來，資本制生產方法的根本條件，是「勞動者和生產裝置分離的這件事」。然因爲有這件事，所以這種生產方法就非走到窮途不可。即因爲有這件事，所以社會的消費力乃至購買力便不能和社會的生產力同時增大。這樣看來，橫亙於這種窮途及崩壞的根柢上的

---

1 作爲銷路欠缺化法則的表示，而展現出來的，即週期的恐慌。恐慌，是生產過剩的結果，而生產過剩，是銷路（消費）趕不上生產的結果。

東西，即是社會的生產方法和其擁有方法的矛盾或不一致。

由是，在這種生產方法之後所展開的生產方法，是很容易知道的，不外是生產方法和擁有方法相一致的生產方法即社會主義的生產方法。

馬克思曾以有名的句子結論著：「資本主義私有制度終了之鐘已經響了」。同時，社會主義經濟組織啟航之鐘也響了。

五南文化事業機構
WU-NAN CULTURE ENTERPRISE

三十年老店 刈包 35元

三十年老店 35元

三十年老店 35元

巷子口經濟學

3個步驟學會一輩子的存錢術

● 認識自己：橫山式90天存錢計劃
● 看見花費：消費、浪費、投資
● 養成習慣：屹立不搖的中心思想

90天養成計劃，3步驟擺脫月光族

看漫畫檔懂

小資族存錢術

橫山光昭

這次一定要讓自己學會存錢！

暢銷書推出漫畫版！

日文版100萬冊

職場專門店

書泉出版社
SHU-CHUAN PUBLISHING HOUSE

108課綱
公民經濟學
最佳參考書

◎巷子口臥底經濟學家的全新經濟觀！

◎剖析日常生活中不為人知的經濟行為！

最美麗的鈔票故事書

RA45
鈔票的藝術
定價：450元

RA4A
名人鈔票故事館：
世界鈔票上的人物百科
定價：450元

RA4B
美洲與大洋洲鈔票故事館
定價：550元

RM34
非洲鈔票故事館
定價：550元

RA49
亞洲鈔票故事館
定價：550元

RA43
歐洲鈔票故事館
定價：450元

RA44
遇見鈔票
定價：450元

3052
數字看天下
定價：400元

 《典藏鈔票異數》

  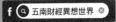

博雅文庫 *256*
資本論簡說

作 者	卡爾·約翰·考茨基（Karl Johann Kautsky）
日文譯者	石川準十郎（Junjuro Ishikawa）
中文譯者	洪 濤
審 定 者	李華夏
發 行 人	楊榮川
總 經 理	楊士清
總 編 輯	楊秀麗
主 編	侯家嵐
責任編輯	吳瑀芳
文字校對	許宸瑞
封面設計	王麗娟

出 版	五南圖書出版股份有限公司
地 址	106台北市和平東路二段339號4F
電 話	（02）2705-5066
傳 真	（02）2709-4875
劃撥帳號	01068953
戶 名	五南圖書出版股份有限公司
網 址	https://www.wunan.com.tw
電子郵件	wunan@wunan.com.tw
法律顧問	林勝安律師事務所　林勝安律師
出版日期	2022年7月初版一刷
定 價	新台幣320元

國家圖書館出版品預行編目資料

資本論簡說／卡爾.約翰.考茨基(Karl Johann
　Kautsky)著；石川準十郎日譯；洪濤中譯. -- 初
　版. -- 臺北市：五南圖書出版股份有限公司,
　2022.07
　　面；公分

　ISBN 978-626-317-817-5 (平裝)

　1.1.CST: 馬克思(Marx, Karl, 1818-1883)
　2.CST: 資本論　3.CST: 馬克斯經濟學

550.1862　　　　　　　　　　　111006227